全面从严治党

职责与实践探索

——— 专 论 卷 ———

中央纪委国家监委新闻传播中心◎主编

人民出版社

目　录

第三部分　精准执纪执法

第四部分　用好问责利器

第五部分　深化政治巡视

第六部分　推进派驻监督

第一部分
强化政治监督

一、推进政治监督具体化常态化 *

党的十九届四中全会把党和国家监督体系上升为中国特色社会主义重要制度、上升为治理体系和治理能力现代化重要任务作出部署安排，这是我们党完善自我革命的制度设计，也对做好新时代纪检监察工作提出了新的要求。纪检监察机关作为党和国家监督专责机关，在党和国家监督体系中处于主干位置，最根本最核心的任务是加强政治监督，督促党员干部增强"四个意识"、坚定"四个自信"、做到"两个维护"。

聚焦习近平新时代中国特色社会主义思想学习贯彻情况开展监督，夯实"两个维护"的思想根基

习近平新时代中国特色社会主义思想是我们党和国家必须长期坚持的指导思想，只有学懂弄通做实，才能保证全党思想意志统一、步调行动一致。从信访举报、巡视巡察、监督检查和审查调查的情况看，有的地方、单位党组织以及党员干部虽然口头上讲"两个维护"，但落实在行动上往往存在这样那样的偏差。究其根源，就是没有把习近平新时代中国特色社会主义思想学深学透、内化于心。比如，习近平总书记早在 2013 年就在讲话中强调，在环境整治中不能搞涂脂抹粉、"一白遮百丑"。但是，近年来安徽个别地方

* 刘惠，安徽省委常委、省纪委书记、省监委主任。

没有学深悟透习近平总书记讲话要求，仍然发生了"刷白墙"的事情，实际上是为了短期内出政绩这个"面子"，丢了以人民为中心的发展思想这个"里子"。省委主要负责同志高度重视，第一时间作出批示，责成省纪委监委依纪依法严肃处理。作为纪检监察机关，一定要从"两个维护"的政治高度，加强对习近平新时代中国特色社会主义思想学习贯彻情况的监督，重点看各级党组织和党员干部有没有全面系统学、及时跟进学、深入思考学、联系实际学，是不是既能认真学习，也能自觉执行、融会贯通。实践中，安徽省委出台了《深入学习贯彻习近平新时代中国特色社会主义思想若干规定》，省纪委协助省委抓好贯彻落实，将其作为日常监督、巡视巡察的重要内容，推动学思用贯通、知信行统一。

聚焦习近平总书记重要指示批示落实情况开展监督，确保落地见效

"两个维护"是我们党最根本的政治纪律和政治规矩，是党和国家前途命运所系，是全国各族人民根本利益所在。习近平总书记重要指示批示是党内政治要件，指示批示的要求是什么，纪检监察机关就要跟进监督什么。近年来，对习近平总书记作出的重要指示批示，不管是针对面上或涉及其他地方和部门的情况，还是专门指出安徽的问题，只要对安徽有指导意义，我们都认真传达学习，协助省委第一时间抓好落实。比如，2017年12月，习近平总书记就形式主义、官僚主义问题作出批示后，根据省委部署立即开展大排查大调研，对发现的196个问题进行通报并点对点反馈。2019年又协助省委以阜阳搞形式主义、官僚主义突出问题为反面教材，在全省先后开展"严规矩、强监督、转作风"集中整治专项行动和"以案示警、以案为戒、以案促改"警示教育，取得重要阶段性成效。目前省委正在研究制定关于贯彻落实习近平总书记重要指示批示的若干规定，省纪委监委将以此为抓手，持续加强常态化监督，确保习近平总书记重要指示批示精神在安徽落地见效。

聚焦党中央重大决策部署贯彻落实情况
开展监督，确保党中央政令畅通

党的十九届四中全会强调要完善党中央重大决策落实机制，并就加强对党的重大决策部署贯彻落实等情况的监督检查提出明确要求。一个地方、部门或单位，如果连贯彻落实党中央重大决策部署都不认真、不坚决，那么在政治上必然是不合格的。纪检监察机关首先是党的政治机关，必须加强对党中央重大决策部署、重大战略举措落实情况的监督检查，坚决纠正"口号喊得震天响、行动起来轻飘飘""把说的当做了，把做了当做成了"等问题。在实践中，我们协助省委建立了"三查三问"长效机制，重点查政治上、工作上、作风上的突出问题并及时问责，其中核心是从政治上看问题，突出的是政治纪律和政治规矩。比如，脱贫攻坚是决胜全面建成小康社会的重大政治任务，我们聚焦"两不愁三保障"这个核心指标，以精准监督助力精准脱贫，积极部署开展省市县三级联动专项巡视巡察，实现了对所有贫困县、建档立卡贫困村、所涉及乡镇和省市县三级扶贫开发领导小组成员单位专项巡视巡察全覆盖。又如，扫黑除恶专项斗争关系人民安居乐业、社会安定有序、国家长治久安，安徽坚决贯彻党中央决策部署，重拳出击"打伞破网"，特别是健全纪委监委与政法机关协同办案机制，制定出台案件办理指导口径，正确把握政策界限，加大提级、交叉办案力度，整体工作成效显著。同时，把防范化解重大风险、污染防治、减税降费、优化发展环境以及违建大棚房、违建别墅清查整治等工作作为"三查三问"的重要内容，查处了一批突出问题，并对相关责任人进行严肃问责追责，决不让党中央重大决策部署在落实中降格空转。

聚焦制度执行情况开展监督，充分发挥监督保障执行、
促进完善发展作用

党的十九届四中全会指出，中国特色社会主义制度是党和人民在长期实

践探索中形成的科学制度体系。制度的生命力在于执行，没有监督的制度是靠不住的。纪检监察机关要准确把握纪检监察工作与国家制度和治理体系建设的内在关系，既要带头强化制度意识、坚定制度自信、强化制度执行，又要深刻认识所承担的重要政治责任，找准政治监督切入点和突破口。一方面，要通过监督保障制度执行。党的十九届四中全会提出的"13个坚持和完善"，每一项都要坚决维护、保障执行。要紧扣党的领导制度特别是维护党中央权威和集中统一领导的各项制度执行情况开展监督，把党章和新形势下党内政治生活若干准则、党内监督条例、巡视工作条例、问责条例、重大事项请示报告条例等制度作为监督的重要内容，确保党的领导落实到国家治理各领域各方面各环节。比如，在督促执行新形势下党内政治生活若干准则方面，针对党内政治生活不严肃不健康等问题，协助省委每年开展一次专题警示教育，督促指导各地区各单位开好专题民主生活会，通过会前审核把关对照检查材料、向参会领导提供问题清单和点评建议，会中提醒接受谈话函询的同志作出说明，会后及时报告，逐步提高民主生活会的质量，使党员干部在批评和自我批评的相互提醒监督中增强党性。目前，正在研究制定推进政治监督具体化常态化的指导意见，明确对阻碍制度执行、损害制度权威、破坏制度环境的行为予以严肃问责。另一方面，要通过监督促进制度完善。违纪违法问题的发生，背后往往都存在制度方面的问题，特别是与制度设计存在漏洞有很大关系。纪检监察机关在监督执纪过程中，要及时总结工作中发现的制度问题，协助党委（党组）堵塞管理漏洞，督促案发单位扎紧制度笼子。近年来，针对典型案件暴露出的突出问题，协助省委及时出台关于加强和改进同级监督若干规定，从制度层面对"关键少数"干部的教育管理监督、力戒形式主义官僚主义等作出具体规定并推动落实，有力保障了全省全面从严治党向纵深推进。

二、推进政治监督更加精准有力 *

监督是纪检监察机关的第一职责、基本职责。习近平总书记强调，要强化政治监督，做实日常监督、靠前监督、主动监督。纪检监察机关全面履行党章和宪法赋予的职责，必须坚持不懈地强化监督职能，在实现监督全覆盖的基础上，准确把握主要矛盾和矛盾的主要方面，管好关键人、管到关键处、管住关键事、管在关键时，着力提高监督的针对性、实效性。

强化政治监督，必须聚焦"关键少数"、形成"头雁效应"

压实管党治党政治责任。党的十九大通过的党章明确将"协助党的委员会推进全面从严治党"作为各级纪委的主要任务之一。纪检监察机关立足职责定位，必须紧盯责任主体、压实主体责任。要制定关于落实全面从严治党委主体责任、纪委监督责任的意见，对领导班子集体责任、班子成员个人责任、纪委监督责任，分别列出责任清单，推动"两个责任"落实。注重对监督检查、审查调查、巡视巡察等工作中发现的问题进行剖析研究，通过提出纪律检查建议和监察建议，推动有关地区和部门落实主体责任、深化专项治理、完善体制机制，不断强化管党治党政治责任。

创新有效监督方式。"上级监督太远、同级监督太软"，是长期以来困扰对"关键少数"有效监督的难题。上级纪检监察机关面对管辖范围内的党组

---

* 江苏省纪委监委课题组。

织和党员领导干部，必须解决好及时掌握监督信息、有效传导监督压力等重点问题。针对"关键少数"的履责重点，积极探索创新有针对性的监督方式，建立全面从严治党"两个责任"履责纪实信息平台，督促各地区各部门对领导班子、领导干部履行管党治党政治责任情况进行实时纪实，对发现的问题及时要求整改，推动形成集体履责、人人尽责的工作格局。

凝聚监督合力。加强对"关键少数"的监督，不仅纪检监察机关要履行专责监督职责，同时也要推动党内监督同国家机关监督、民主监督、司法监督、群众监督、舆论监督的有效贯通，形成监督合力。加强与其他监督主体的协作配合，强化线索移送和信息沟通，实现优势互补。建立与审计机关多层次的联系协调机制，将审计过程中发现的问题线索及时移送同级纪检监察机关，抄送审计结果报告、专项情况报告，纪检监察机关对移送的问题线索优先办理，并及时反馈处置情况。建立覆盖全省纪检监察系统的统一检举举报电话平台和网络平台，全面提升信、访、网、电举报办理质量和效率，形成广泛参与的社会监督机制。

强化政治监督，必须紧盯关键环节、精准纠正偏差

深入开展廉政风险排查。实施有效监督，首先要明确监督对象的权力事项有哪些、廉政风险在哪里。这就需要纪检监察机关以廉政风险排查及防控为抓手，统筹纪律监督、监察监督、派驻监督、巡视监督工作力量，全面梳理监督对象权力运行的关键点、内部管理的薄弱点、问题易发的风险点，做到权力行使到哪里，监督就延伸到哪里。

探索实施嵌入式监督。派驻监督是上级纪检监察机关设在驻在部门的"探头"，目的是发挥"派"的权威和"驻"的优势，就近、及时发现驻在部门存在的问题。为强化派驻机构履职能力，要出台派驻机构工作规定等文件，加强对派驻机构的工作保障、业务指导和考核评价，着力解决担当作为不够、监督方式单一、体制机制不顺等突出问题。派驻机构要紧盯监督对象权力运行的关键环节，将监督嵌入事前酝酿、事中讨论和事后执行的

全过程。

深化重点领域专项治理。从根本上解决重点领域的突出问题，需要以审查调查部门查办案件破题，然后由相关监督检查室深入查找体制机制漏洞，提出专项治理意见。对专项治理中发现的重点问题线索，再移交审查调查室立案查处，形成审查调查和监督检查互动联动、点面结合的工作机制。

强化政治监督，必须突出关键事项、带动整体提升

把"两个维护"放在首位。"两个维护"是党的政治建设的首要任务，必须在具体工作中具体落实，在全面实践中全面检验。纪检监察机关在开展扫黑除恶专项斗争、推进群众身边腐败和作风问题专项治理以及公共安全事件、重大事故问责处理过程中，紧盯对党中央重大决策部署不敬畏、不在乎、喊口号、装样子等错误表现，紧盯空泛表态、应景造势、敷衍塞责、出工不出力等突出问题，从政治纪律查起，强化监督执纪问责。

推动重大决策部署落到实处。纪检监察机关履行监督职责必须紧紧围绕党和国家工作大局，注重加强对贯彻新发展理念、实现高质量发展、打好三大攻坚战、优化经济发展环境等政策措施落实情况的监督检查。在打好三大攻坚战方面，要创新推动建设"阳光扶贫"监管系统、污染防治综合监管平台、地方政府隐性债务监管平台，运用信息化手段，督促有关方面履职尽责。在优化营商环境方面，要制定实施为民营经济营造更好发展环境提供坚强纪律保障的工作方案，并将民营企业营商环境满意度作为地区政治生态监测评估的重要依据。在落实减税降费政策方面，要梳理出"减税降费政策措施""对职能部门开展监督的重点任务"和"协调职能部门参与监督的任务"三大清单，确保政策宣传应知尽知、政策执行应有尽有、政策红利应享尽享。

探索政治生态监测评估工作机制。加强监督必须把零散、局部的监督信息整合起来，实现从定量到定性，用以支撑整体判断。要注重从全局、整体角度开展监督，将整体把握地区政治生态状况作为政治监督的重点，紧紧围

绕"四个全面""五位一体""六项纪律"，从维护党章党规党纪、贯彻党的路线方针政策、全面从严治党、社会综合测评等方面设置指标，汇集巡视巡察、纪检监察、社会综合评价和各相关部门专项考核结果，构建完善的监测评估指标体系。加强对政治生态的综合分析评估，运用监测评估成果，准确查找各地政治生态建设中存在的突出问题，督促相关党组织有针对性地采取整改措施，切实维护和净化政治生态。

强化政治监督，必须狠抓关键节点、优化监督效果

抓住脱贫攻坚决胜阶段。以2020年全面建成小康社会为重大工作目标，强化纪律保障、全力脱贫攻坚。要聚焦扶贫领域突出问题，推动建设"阳光扶贫"监管系统，运用信息化手段加强扶贫资金、项目监管，实施精准监督。发挥巡视利剑作用，大力开展实施乡村振兴战略专项巡视，紧盯被巡视党组织冲刺高水平全面建成小康社会、实施乡村振兴战略、脱贫攻坚等方面开展"专项体检"，推动乡村振兴战略落地落实。

突出党内政治生活关键节点。民主生活会质量如何，是不是坚持实事求是，真正做到讲党性不讲私情、讲真理不讲面子，是检验一个地区和单位党内政治生活是否严肃认真的重要方面。要着力加强对贯彻落实新形势下党内政治生活的若干准则情况的监督，派员列席设区市党委和省直机关党组（党委）民主生活会，加强会前、会中、会后的全程监督，特别是督促被谈话函询的班子成员在民主生活会上说清楚、讲透彻，着力纠正党内政治生活不严肃不认真、民主集中制不落实不到位等突出问题，强化经常性政治体检。

严把选人用人重要关口。党风廉政意见回复是落实干部选拔任用规定、实现正确选人用人的重要关口，能不能严格把关、精准把关，事关干部成长进步、事关用人导向、事关事业发展。要认真落实"纪检监察机关意见必听，线索具体的信访举报必查"的要求，加强日常监督信息的分析研判，将各方面监督成果综合运用到党风廉政意见回复中，全面准确判断人选有关情况，把好选人用人政治关、品行关、作风关、廉洁关。

三、坚守政治监督根本定位 *

　　小智治事，大智治制。党的十九届四中全会紧紧抓住制度建设这一根本性、全局性问题，全面部署推进制度建设和治理能力建设，意义重大而深远。纪检监察机关是党内监督和国家监察的专责机关，要提高站位和境界，在坚持和完善中国特色社会主义制度、推进国家治理体系和治理能力现代化中把自己摆进去、把职责摆进去、把工作摆进去，强化监督职责，找好定位，找准站位，找到平台和支点，推动党的十九届四中全会精神贯彻落实。

　　国家治理，关键是治权。失去监督的权力最容易导致腐败，干部缺乏监督就可能"霉变"。白恩培、秦光荣、仇和等严重违纪违法案件教训极其深刻，警示我们必须对权力实行有效的制约和监督。党的十九届四中全会强调，"坚持和完善党和国家监督体系，强化对权力运行的制约和监督"，突出体现了监督在管党治党、治国理政中的基础性、保障性地位。我们要把监督作为撬动其他工作的杠杆，进一步打开监督的"窗口"，擦亮监督的"探头"，在突出政治监督、严格日常监督上探索创新，总结运用好"政治关爱式"谈话、"蹲点式"调研监督、"体验式"监督等有效做法，切实加强监督。

　　纪检监察机关最根本的职责在于政治监督。政治监督不是抽象的概念、空洞的口号，方向的把握、载体的设定，战略的谋划、战术的安排，都必须落细落实、具体化常态化。我们要聚焦重大政治原则、政治部署、政治责任，全面落实党的十九届四中全会关于强化政治监督的要求，紧紧围绕坚持和完善中国特色社会主义制度、推进国家治理体系和治理能力现代化，紧扣

＊　冯志礼，云南省委常委、省纪委书记、省监委主任。

党的十九届四中全会部署的重大体制机制改革、重点工作任务，构建全覆盖的制度执行监督机制，始终坚守政治监督定位。

牢牢盯住政治建设，紧紧抓住坚持党的领导这个"纲"，坚持以习近平新时代中国特色社会主义思想为指导这个"魂"，贯彻新时代党的建设总要求，不断强化党的全覆盖、全方位、全过程领导，加强对党的理论和路线方针政策及重大决策部署贯彻落实情况的监督检查，党中央重大决策部署落实到哪里，政治监督就跟进到哪里，着力推动"两个维护"落到实处。

牢牢盯住政治立场，督促各级党组织和广大党员干部牢固树立宗旨意识，不忘初心、牢记使命，贯彻落实党的群众路线，坚持以人民为中心的发展思想，聚焦群众反映强烈的操心事、烦心事、揪心事，扎实解决好事关群众切身利益的问题，把"问题清单"变成"成果清单"，增强人民的获得感、幸福感、安全感，不断夯实党执政的根基。

牢牢盯住政治担当，用监督传导压力，压实各级党组织和党员领导干部抓贯彻落实的政治责任、主体责任，科学谋划、整体推进，把落实党的十九届四中全会精神作为重要政治任务来抓；督促各级领导干部在学习党的十九届四中全会精神上学深一步、知行合一，强化制度意识，自觉尊崇制度、坚决维护制度，做制度执行的表率，实现权力运行制度化、规范化。

牢牢盯住政治纪律，把党的十九届四中全会精神落实情况作为监督检查的重点，纳入当前巡视巡察、执纪审查和日常监督的重要内容，及时发现和纠正偏离制度的苗头性、倾向性问题，坚决杜绝做选择、搞变通、打折扣，严肃查处有令不行、有禁不止，以及制度空转背后的责任虚化、以权谋私、贪污腐败等问题。坚决破除贯彻落实中的形式主义、官僚主义，既防止"火车进站，叫得响跑得慢""只踩油门不挂挡"，也防止浅尝辄止、雨过地皮湿。

牢牢盯住政治生态，着眼于受民族、地域、历史、文化等因素影响而形成的特有政治生态，把贯彻落实党的十九届四中全会精神与坚决肃清腐败流毒结合起来，进一步推进全面从严治党，清除云南政治生态污染底泥，消除污染因子。把政治监督与审查调查深度结合，坚持从政治纪律查起，在审查调查中"抽丝剥茧"，深挖"两面人""两面派"，以及搞政治攀附、人身依附等"圈子""山头""派系"问题。发扬斗争精神、增强斗争本领，坚决防止片面强调边疆、民族、贫困等因素而降低执纪标准、削弱审查调查力度。当前，要把政治监督重心放在对习近平总书记重要指示批示落实情况的监督检查上，加强对云南九大高原湖泊保护治理等落实情况的监督检查，认真解决烟茶玉矿以及国有企业、金融领域等资源性领域腐败问题。把不敢腐、不能腐、不想腐贯通起来、一体推进，做好查办案件"后半篇文章"，推动以案促改、以案促建。在信访受理、线索处置、谈话函询、初核立案、审查调查、案件审理等各环节，全面查找管理盲区，规范工作流程，完善内控机制。

四、把坚持党的领导作为立身之本和履职之要[*]

　　坚持党对一切工作的领导，是习近平新时代中国特色社会主义思想的重要内容，是新时代坚持和发展中国特色社会主义的基本方略。当前，纪检监察体制改革正在路上。习近平总书记反复强调："我们的改革开放是有方向、有立场、有原则的。"改革必须坚持正确方向，沿着正确道路推进，不能改来改去，把党的领导改弱了、改没了。坚持不懈以改革为先导、为动力，推动新时代纪检监察工作实现高质量发展，必须牢牢把握党对反腐败工作集中统一领导这一根本目的，切实做到旗帜鲜明、一以贯之、坚定不移。纪委监委作为反腐败工作机构、作为党的政治机关，必须始终把坚持党的领导作为立身之本、履职之要。

坚持和加强党的全面领导，必须执行好保证党集中
统一领导的体制机制，推进纪检监察工作双重
领导体制具体化、程序化、制度化

　　党的十八大以来，全面从严治党取得前所未有的卓著成效，解决了许多长期想解决而没有解决的难题，办成了许多过去想办而没有办成的大事，反腐败斗争压倒性态势已经形成并巩固发展，归其根本在于坚持和加强党的全面领导，在于以习近平同志为核心的党中央旗帜鲜明、立场坚定、意志品质顽强、领导坚强有力。当前，反腐败斗争形势依然严峻复杂，全面从严治党

　＊　梁惠玲，时任河北省委常委、省纪委书记、省监委主任。

任重道远。面对这一形势，必须毫不动摇地坚持党的领导，加强党的建设，以永远在路上的执着推进全面从严治党、党风廉政建设和反腐败斗争。

深化国家监察体制改革是以习近平同志为核心的党中央作出的重大决策部署，是在习近平新时代中国特色社会主义思想指引下进行的事关全局的重大政治体制改革。习近平总书记多次强调，深化国家监察体制改革的目的，是强化党对反腐败工作的集中统一领导。监察法也明确规定："坚持中国共产党对国家监察工作的领导"。坚持和加强党的全面领导，是我们改革的根本方向，也是必须坚持的重大政治原则。

深化国家监察体制改革，必须有利于加强党的领导，既要将党的领导体现在改革的全过程和各方面，又要通过深化改革加强党的全面领导，实现由原来侧重"结果领导"转变为"全过程领导"，确保党中央和各级党组织牢牢掌握反腐败工作的领导权；必须有利于完善坚持党的全面领导的体制机制，纪委监委合署办公，实行双重领导体制，实际上是党统一领导反腐败工作的制度安排。

作为纪检监察机关，要做细做实保证党集中统一领导的体制机制，实行一套人马、履行双重职责，强化上级纪委监委对下级纪委监委的领导，实现线索处置和执纪审查以上级纪委领导为主、纪委书记副书记提名和考察以上级纪委会同组织部门为主，重要问题线索处置、政治生态研判、重大案件查办等情况及时向同级党委和上级纪委监委报告，既报告结果、又报告过程，确保始终在党的领导下履职尽责、做好工作。

坚持和加强党的全面领导，必须落实好"两个维护"的根本政治任务，坚决履行党章和宪法监察法赋予的职责

加强党对反腐败工作的集中统一领导，最本质的是坚持以习近平新时代中国特色社会主义思想为指导，坚决维护习近平总书记在党中央和全党的核心地位，坚决维护党中央权威和集中统一领导，不折不扣地贯彻党中央决策

部署，始终在思想上政治上行动上同以习近平同志为核心的党中央保持高度一致。纪检监察机关作为政治机关、作为党内监督和国家监察专责机关，在"两个维护"上担负着特殊历史使命和重大政治责任，任何时候都不能模糊、动摇、放松。"两个维护"是具体的而不是抽象的，必须体现在行动上、落实到工作中。

更加自觉地把学习贯彻习近平新时代中国特色社会主义思想作为一项长期政治任务、作为自身内在需求，在深学、常学上下功夫，持续跟进学习习近平总书记系列重要讲话、重要指示精神，深刻领会精髓实质，掌握科学理论内涵，把自己摆进去、把职责摆进去、把工作摆进去，做到边实践、边学习，边学习、边实践，真正学懂弄通做实，不断提高运用马克思主义立场观点方法指导实践、分析解决重大问题的能力，不断提高纪检监察工作的理论思维、战略谋划、精准落实水平。

更加自觉地把"两个维护"落实到强化监督、执纪审查、调查处置、巡视巡察、问责追责等每一项工作之中，坚持把党的政治建设摆在首位，紧紧围绕监督这个基本职责、第一职责，强化政治监督，严明政治纪律，加强对党的十九大精神、党中央大政方针和决策部署贯彻落实及党章党规党纪执行情况的监督检查，坚决同危害党中央权威和集中统一领导的言行作斗争，及时发现破坏党内政治生态的问题，严肃查处违反党章党规党纪、违背党的政治路线、破坏政治纪律政治规矩特别是"七个有之"问题，坚决清除对党不忠诚不老实、阳奉阴违的"两面派""两面人"，确保反腐败工作始终沿着正确方向前进。

更加自觉地把纪检监察工作放在党和国家工作大局中谋划部署，以"四个意识"为标准、以政治纪律为尺子去衡量，对照党的十九大精神和党中央重大决策部署，对照习近平总书记关于本地区本领域本部门的重要指示批示精神去检视，聚焦打好防范化解重大风险、精准脱贫、污染防治三大攻坚战和京津冀协同发展、规划建设雄安新区、筹办北京冬奥会等，强化监督执纪问责和监督调查处置，做到党中央提倡的坚决响应，党中央决定的坚决执行，党中央禁止的坚决不做，推动党的路线方针政策结合实际创造性地贯彻落实，确保党中央政令畅通、令行禁止。

坚持和加强党的全面领导，必须发挥好协助党委履行主体责任的作用，推动党委落实好管党治党政治责任

按照党章规定，在全面从严治党、加强党风建设、反腐败斗争中，党委履行主体责任，纪委履行协助职责、监督责任，各级党委书记是第一责任人，班子成员是"一岗双责"。党的十八大以来，以习近平同志为核心的党中央牢牢抓住主体责任这个"牛鼻子"，一以贯之、一贯到底，党在全面从严治党的革命性锻造中更加坚强，在改革试点中各级党委的主体责任得到进一步强化。作为纪检监察机关，必须切实履行协助职责、监督责任，为党委主体作用的发挥提供有效载体、当好参谋助手。

以监察体制改革为新的起点，围绕构建党统一指挥、全面覆盖、权威高效的监督体系，推动各级党委一如既往地加强领导，党委书记继续当好管党治党的"施工队长"，定期分析研判政治生态、听取重大案情报告，一刻不停歇地推动全面从严治党向纵深发展，持续保持正风肃纪反腐高压态势，奋力夺取反腐败斗争压倒性胜利。

着力构建四责协同、上下贯通、落实有力的责任体系，坚持明责、考责、问责一体推进，明确责任清单，健全工作机制。同时，切实加强对所辖地区和部门党组织管党治党情况的监督检查，探索"清理＋问责"的长效机制，下面查问题，上面追责任，用好问责利器，推动主体责任落地落实落细。

始终坚守职责定位，持续深化"三转"，聚焦主责主业，做到协助不包揽、推动不代替、到位不越位，绝不能包打天下、越俎代庖。特别是在协助党委推动反腐败工作中，必须用好载体和抓手，深化探索权威高效的反腐败工作体制机制，进一步发挥反腐败协调小组作用，协调推动解决从线索处置到案件查办、再到依纪依法处理中的一系列问题；围绕深化国家监察体制改革，加强纪检监察机关与司法机关、审计部门、执法部门的协调配合，推进纪法贯通、法法衔接，提高反腐败工作规范化、法治化水平，实现良好的政治效果、纪法效果、社会效果。

五、为改革开放再出发提供坚强政治和纪律保障*

习近平总书记在庆祝改革开放 40 周年大会上发表的重要讲话，深刻总结了 40 年改革开放的光辉历程和宝贵经验，向世界郑重宣示了改革开放只有进行时没有完成时、改革开放永远在路上的坚定信心和决心。习近平总书记的讲话立意高远、思想深邃、大气磅礴、催人奋进，体现了前进道路上保持定力、奋勇向前的巨大政治勇气，体现了解放思想、攻坚克难的非凡政治智慧，体现了永不止步、接续奋斗的强烈历史担当，为新时代深化改革开放提供了行动指南和根本遵循。纪检监察机关作为改革开放的见证者、参与者、捍卫者，必须全面对标习近平总书记的重要指示要求，以时不我待的精神、舍我其谁的担当，推动新时代纪检监察工作高质量发展，把上海全面从严治党不断推向前进，为在更高起点上推进改革开放提供坚强政治和纪律保障。

深刻领会学习贯彻习近平新时代中国特色社会主义思想的重大意义，持之以恒推动学习贯彻往心里去、往深里走、往实处落。习近平总书记强调，创新是改革开放的生命，必须坚持马克思主义指导地位，不断推进实践基础上的理论创新。习近平新时代中国特色社会主义思想是 21 世纪马克思主义、当代中国马克思主义，是我们党理论创新的最新成果，是指导我们做好各项工作的强大思想武器和根本遵循。上海是党的诞生地，处于全国改革开放的前沿，是市场经济的先行区，文化比较多元，用习近平新时代中国特色社会主义思想武装广大党员干部头脑有更加紧迫的现实意义和深远的历史意义。

---

* 廖国勋，时任上海市委常委、市纪委书记、市监委主任。

要持续深入学习，结合正在做的事情、结合赋予的使命反复学习、深化理解，以理论上的清醒确保政治上的坚定。要结合实际贯彻好，对标对表习近平总书记对上海工作的一系列重要指示精神，在当好全国改革开放排头兵、创新发展先行者和落实"五项新要求""三项重大任务"上深入学习贯彻，把中央精神、地方实践和自身职责结合起来，努力从习近平新时代中国特色社会主义思想中找立场、找方向、找方法、找答案。要着力体现在工作成效上，把学习成果体现在不折不扣贯彻落实党中央的重大决策部署上，体现在推动上海新一轮改革发展的实际成效上。

深刻领会坚持党对一切工作的领导是改革开放坚定向前的根本保证，做到树牢"四个意识"、坚决践行"两个维护"。习近平总书记强调，中国共产党领导是中国特色社会主义最本质的特征，是中国特色社会主义制度的最大优势。坚持党的领导，全面从严治党，是改革开放取得成功的关键和根本。上海作为我国最大的经济中心城市，在全国改革发展大局中具有十分重要的地位，必须坚定不移地加强党的全面领导，把确保各级党组织和广大党员干部树牢"四个意识"、践行"两个维护"作为纪委最重大的政治责任。要坚持首先从政治上看问题，突出政治纪律这个管总的纪律，防范和解决党内政治生活中的突出问题，对"七个有之"问题高度警觉，坚决清除对党不忠诚不老实、阳奉阴违的"两面人""两面派"，对搞圈子文化、码头文化的严肃查处、决不姑息，教育引导广大党员干部自觉在思想上政治上行动上同以习近平同志为核心的党中央保持高度一致。要紧紧围绕党中央重大决策部署和习近平总书记对上海发展的重要指示要求落地落实情况加强监督检查，在整治形式主义、官僚主义上下更大功夫。要深入贯彻习近平总书记关于深化细化上海全面从严治党"四责协同"机制的重要指示，把党委主体责任、纪委监督责任、党委书记第一责任人责任、班子成员"一岗双责"统一和联动起来，形成覆盖市、区、街镇的主体明晰、有机协同、层层传导、问责有力的责任落实体系。

深刻领会改革开放的初心和使命，切实维护好人民的利益。习近平总书记强调，必须以最广大人民根本利益为我们一切工作的根本出发点和落脚点，坚持把人民拥护不拥护、赞成不赞成、高兴不高兴作为制定政策的依据。上海作为超大城市，实行"两级政府、三级管理"的城市管理体制，管理层级少，改革中必须始终抓早抓小、上下联动，及时发现、坚决查处群众身边的不正之风和腐败问题。要始终把以人民为中心作为根本政治立场，紧盯"小微权力"和"小官贪腐"，重拳惩治扶贫民生领域腐败，剪除黑恶势力"保护伞"，查处侵害群众利益的"蝇贪"，不断提升人民群众的获得感、幸福感、安全感。同时，把全面从严治党的制度积累、价值凝聚、组织创新更好地融入社会治理创新，一个领域一个领域地查找突出问题，特别是紧盯民生资金、农村集体"三资"管理、工程建设等重点领域，提出对策建议，推动权力运行、资金使用、资源配置更加公开透明规范，并搭建更多群众参与的平台，不断拓展群众参与的深度和广度，使问题找得更准、发现得更早、解决得更及时。

深刻领会全面深化改革的目标要求，完善监督体系、做好监督工作。习近平总书记强调，前进道路上，改什么、怎么改必须以是否符合完善和发展中国特色社会主义制度、推进国家治理体系和治理能力现代化的总目标为根本尺度。构建党统一指挥、全面覆盖、权威高效的监督体系，是国家治理体系和治理能力现代化建设的重要组成部分，是破解自我监督这个世界性难题、跳出"历史周期率"的重大战略举措。上海是世界观察中国发展的重要窗口，处在"聚光灯"和"显微镜"下，把问题解决在基层和萌芽状态，是完善监督体系、做好监督工作的重要使命和责任。要集中力量把监督这个基本职责、首要职责履行好，完善问题线索评估机制，健全审计报告分析运用机制，落实加强监督工作的意见和开展政治生态分析、廉情抄告、纪律检查、监察建议等"1+3"制度文件，不断拓展监督的深度和广度。要针对监督力量分散、机制不顺、合力不强等问题，把上级监督和同级监督结合起来，把派驻监督和巡视监督统筹起来，制定加强巡视整改落实工作的办法，进一步明确巡视整改的主体和责任清单，建立健全整改落实成效评估机制；深化派驻机构改革，深入研究派驻机构的职能设置、权限受理等，切实发挥好派驻机构的"探头"和"前哨"作用。

深刻领会全面从严治党在改革开放中的重要地位和作用，做到正风肃纪不停步、反腐惩恶不手软。习近平总书记强调，办好中国的事情，关键在党，关键在坚持党要管党、全面从严治党。上海正处于全面深化改革、新旧体制转换、城市发展转型升级的关键阶段，一些缝隙和漏洞难以避免，容易产生各种不正当方式的套利、寻租和设租，一些领域的腐败案件手法更加迂回、情节更加复杂、方式更加隐蔽，领导干部面临的诱惑和考验绝不可低估，全面从严治党丝毫不能大意、一刻不能放松。要把"严"字长期坚持下去，始终保持永远在路上的冷静清醒和坚韧执着，有腐必反、有贪必肃，坚决向滋生在党的健康肌体上的毒瘤开刀，绝不养痈遗患。要对发现的问题举一反三，做到"查办一个案件、纠正一类问题、建立一批制度、教育一方干部"。要着力实现从偏重查办案件到日常监督、教育提醒、执纪问责、问题整改一体化推进转变，加强对权力集中、资金密集、资源富集的重点部门、关键岗位和干部的监督，把防线从事后惩处向事中、事前关口前移，层层设防、标本兼治、形成闭环，防止商品交换原则向党内渗透，实现不敢腐、不能腐、不想腐一体推进。

六、把"两个维护"贯穿党风政风监督始终 *

　　在十九届中央纪委三次全会上，习近平总书记强调，"必须坚决维护党中央权威和集中统一领导，确保全党步调一致、行动统一"。赵乐际同志指出，"坚持党对一切工作的领导，坚持党中央集中统一领导，维护党中央权威，巩固党的团结一致，保证党的政治纲领和政治目标实现，是纪检监察机关最重要、最根本的使命和责任"。近期印发的《中共中央关于加强党的政治建设的意见》中明确，"坚持和加强党的全面领导，最重要的是坚决维护党中央权威和集中统一领导；坚决维护党中央权威和集中统一领导，最关键的是坚决维护习近平总书记党中央的核心、全党的核心地位"。"两个维护"是最根本的政治纪律和政治规矩，是开展纪检监察工作的根本目的，也是做好纪检监察工作的根本保证。

　　进入新时代，站在新起点，党风政风监督工作要始终坚守并坚决做到"两个维护"，以党的政治建设为统领，准确把握稳中求进的工作总基调，适应"时"与"势"的变化，把牢党内监督、国家监察专责机关定位和党的政治机关属性，不忘初心、牢记使命，按照"三个一以贯之"的要求，忠诚履职，持续深化"三转"，精准监督执纪问责，力求工作思路举措更加科学、更加严密、更加有效，努力实现高质量发展。

＊　中央纪委国家监委党风政风监督室。

深入学习领悟习近平新时代中国特色社会主义思想，不断强化践行"两个维护"的思想自觉、政治自觉和行动自觉

党的十八大以来，党和国家事业取得历史性成就、发生历史性变革，特别是全面从严治党取得举世瞩目的成就，根本原因就在于习近平新时代中国特色社会主义思想的指引。党风政风监督工作必须要一以贯之地学习贯彻习近平新时代中国特色社会主义思想，始终将其作为首要政治任务，坚持读原著、学原文、悟原理，结合职能职责、结合正在做的事情反复学习，确保入脑入心、学深悟透、融会贯通。要紧紧围绕"八个明确""十四个坚持"，全面系统学习习近平新时代中国特色社会主义思想，注重把握党中央各项决策部署的整体性、关联性和协同性，为综合协调监督检查贯彻执行情况筑牢思想根基。要重点学习领悟习近平总书记关于全面从严治党、党风廉政建设和反腐败斗争的重要论述，时刻对标对表，确保在思想上政治上行动上始终同以习近平同志为核心的党中央保持高度一致。要紧扣"不忘初心、牢记使命"主题教育，强化坚守党的初心使命、纪检监察机关的初心使命、党员个人许党报国的初心使命。要学以致用，结合工作实际和面临的任务，在学懂弄通做实上下功夫、在结合实际创造性贯彻落实上下功夫。通过深入学习，深刻认识习近平新时代中国特色社会主义思想的历史地位和丰富内涵，深刻把握贯穿其中的基本立场、观点和方法，深刻感悟蕴含其中的政治品格、价值追求和精神风范，树牢"四个意识"、坚定"四个自信"，做到真信笃行，不断强化拥护核心、跟随核心、捍卫核心的思想自觉政治自觉行动自觉，不断增强践行"两个维护"的坚定性。

紧扣党中央重大决策部署的贯彻落实，做实做细监督职责，带头扛起"两个维护"根本政治责任

党风政风监督工作要立足职责定位，持续深化"三转"，稳中求进，注意研究新情况、新特点，提出新举措，充分发挥综合协调、监督的再监督作用，坚持党中央重大决策部署到哪里，监督检查就跟进到哪里，确保"两个维护"体现在坚决贯彻党中央重大决策部署中，做到令行禁止。

夯实管党治党政治责任。要坚守协助党委推进全面从严治党的职责定位，促进管党治党主体责任、监督责任全面覆盖，通过完善约谈、述责述廉等方式，推动"两个责任"贯通协调、形成合力，督促完善保障"两个维护"的制度机制。要加强分类指导、跟踪问效，夯实基层党组织管党治党责任，研判分析新动向，纠正突出问题。要认真执行党内监督条例，协调推动做实做细监督第一职责。要严肃党内政治生活，加强对"三会一课"、民主生活会和组织生活会等制度落实情况的监督检查，推动规范党员领导干部就个人有关事项报告及巡视反馈、组织约谈函询等问题作说明或检查工作。

严明党的政治纪律和政治规矩。要聚焦落实"两个维护"存在的温差、落差、偏差，自觉与各种"低级红""高级黑"作斗争，决不允许对党中央阳奉阴违、搞"两面派"、搞"伪忠诚"。要严肃查处"七个有之"问题，坚决纠正上有政策、下有对策，有令不行、有禁不止等行为。要加强对新形势下党内政治生活若干准则、加强党的政治建设意见落实情况的监督检查，督促党员领导干部真正把"两个维护"落在实际行动上。

力戒形式主义、官僚主义。要把整治形式主义、官僚主义作为重要政治任务，从讲政治的高度审视，从思想和利益根源上破解。要督促各级党组织压实主体责任，推动各级领导机关和领导干部带头查摆解决自身存在的问题。要认真落实中共中央办公厅关于解决形式主义突出问题为基层减负的要求，认真落实中央纪委办公厅关于集中整治形式主义、官僚主义的工作意见，重点整治对党中央重大决策部署不敬畏、不在乎、喊口号、装样子，工作要求事事留痕，工作拖沓敷衍、空泛表态、应景造势、出工不出力、推诿

扯皮、回避矛盾和问题、不担当不负责等问题，纠正简单机械、"一刀切"、层层加码式落实党中央重大决策部署的行为。要贯通运用监督执纪"四种形态"，紧盯县级以上领导机关和领导干部，严查发生在三大攻坚战、扫黑除恶等重点领域的突出问题，点名道姓通报曝光。要从坚持政治原则、严明政治纪律的高度，系统分析、综合施治，深化整治成果。

整治享乐主义、奢靡之风。要坚持问题导向解决党风问题，盯紧违规吃喝老问题，深挖细查隐形变异问题，深入整治领导干部利用名贵特产类特殊资源谋取私利问题。要盯紧重要节点，严查顶风违规违纪行为，密切关注规避重要节点、"错峰违纪"的问题苗头。要坚持越往后执纪越严，对党的十九大后发生的违规违纪行为从严处理，具有主观故意且情节严重、性质恶劣的，依规依纪依法加重处理，一律点名道姓通报曝光。要锲而不舍、持续发力，保持高压态势，确保标准不降、力度不减，不断巩固拓展深化落实中央八项规定精神成果。要从推进国家治理体系和治理能力现代化的高度，推动完善相关制度体系，用改革的思路和办法破解顽瘴痼疾，力求防松懈、防变通、防反弹，坚定不移纠"四风"、树新风。

强化精准问责。要充分发挥问责利器作用，推动党的路线方针政策决议和重大决策部署落地见效。要贯通党内问责和监察问责，加强对推进党的政治建设不力、落实中央重大决策部署不坚决不到位等问题的问责。要聚焦生态环保、安全生产、食品药品安全、文化遗产保护等重点领域的责任追究，加大督查督办和通报曝光力度。要深刻把握"三个区分开来"的重要要求，坚持依规依纪依法，推动精准问责，防止问责泛化、简单化，真正起到问责一个、警示一片的效果。

大力整治群众身边腐败和作风问题，增强群众获得感、幸福感、安全感，不断深化践行"两个维护"

党风政风监督工作必须始终坚持人民立场、坚持群众路线、坚持群众评判，切实把自己摆进去、把职责摆进去、把工作摆进去，推动解决好群众最关心最直接最现实的利益问题，切实让群众感受到正风肃纪的成效和变化。

深入推进扶贫领域腐败和作风问题专项治理。要大力整治脱贫攻坚政治责任落实不到位，特别是"虚假式"脱贫、"算账式"脱贫、"指标式"脱贫、"游走式"脱贫等问题；关注和查处影响产业项目扶贫、对口帮扶以及扶贫工程推进等问题；推动整治扶贫社会组织腐败和作风问题。要聚焦"三区三州"，围绕相关政策落地、责任落实、项目推进以及工作作风等方面的突出问题，因地制宜、精准施治。要加强对脱贫攻坚专项巡视整改情况的督导检查，及时督办典型问题线索，持续通报曝光典型案例，层层传导压力。

开展民生领域专项整治。要强化问题导向，分类逐项推进，有什么问题就解决什么问题，什么问题突出就集中整治什么问题。要聚焦群众痛点难点焦点，督促有关部门重点整治教育医疗、环境保护、食品药品安全等方面侵害群众利益问题。要坚持群众身边问题靠身边党组织解决，加强日常监督与巡察，严肃查处基层干部贪污侵占、虚报冒领、截留挪用、优亲厚友等行为，坚决整治城市社区存在的侵害群众利益的腐败和作风问题。

深挖彻查涉黑涉恶腐败和"保护伞"。要加大案件查办力度，严肃查处"村霸"、宗族势力和黄赌毒背后的腐败行为，坚决清除黑恶势力的"保护伞"；完善与政法机关协同办案，对重大、复杂案件同步立案、同步调查。要推动各级党组织把扫黑除恶作为全面从严治党向基层延伸的重要战场，严格落实主体责任，推进综合治理，坚决铲除黑恶势力滋生的土壤。要推动相关职能部门认真落实监管责任，堵塞管理漏洞。

建设政治过硬、本领高强的干部队伍，努力打造践行"两个维护"的铁军

党风政风监督部门要把牢党的政治机关属性，认真贯彻落实加强党的政治建设意见及加强和改进中央和国家机关党的建设意见，服务中心、建好队伍。要旗帜鲜明地讲政治，把提高政治能力放在首位，不断提高政治站位，不断增强政治定力、政治敏锐性和政治鉴别力。要增强履职尽责本领，始终

坚持实事求是、依规依纪依法开展工作，不断提高执行政策水平、执纪执法水平、思想政治工作水平和信息化工作水平。要把调查研究作为"传家宝"、作为基本功抓紧抓实，接地气、通下情，做到"身入心至"，切实把问题本质和规律分析透、把解决问题的思路和对策研究准。要增强斗争精神，敢于斗争、善于斗争，在重大斗争一线学真本领、练真功夫。要严守纪律要求，自觉接受监督，真正做到自身正、自身净、自身硬，打造自觉践行"两个维护"的铁军。

七、切实履行"协助"职责
推动全面从严治党向纵深发展[*]

十九届中央纪委三次全会报告总结了改革开放 40 年来纪检监察事业"五个始终"的宝贵经验,把"始终坚守协助党委推进全面从严治党的职责定位"作为其中之一,为做好新时代纪检监察工作提供了重要遵循。我们必须把"协助"职责摆在突出位置,强化责任担当,勇于探索实践,为夺取全面从严治党的更大战略性成果贡献力量。

明确坐标定位,深刻领会"协助"的内涵要义

党的十九大党章赋予纪委"协助党的委员会推进全面从严治党"的职责使命,既拓展和深化了工作内容,又明确了在全面从严治党战略中的新定位新坐标。深刻领会"协助"职责,要把握好四个方面。一是坚持和加强党的领导是"协助"的根本目的。全面从严治党的核心是坚持和加强党的领导,"两个维护"是坚持和加强党的领导的最根本要求。纪检监察机关履行"协助"职责,最关键是要把"两个维护"贯穿到协助的各方面、全过程,在捍卫党的领导、践行"两个维护"上敢于担当、敢于斗争,确保党中央权威和集中统一领导。二是新时代党的建设总要求是"协助"的方向引领。党的十九大对新时代党的建设作出全面部署,解决了协助党委"干什么"的问题。纪检监察机关要围绕新时代党的建设总要求谋划推进工作,做到党的建设延伸到

---

* 陈辐宽,山东省委常委、省纪委书记、省监委主任。

哪里，协助党委的工作就跟进到哪里，始终同频共振、同向发力。三是全面从严是"协助"的总基调。全面从严治党，基础在全面，关键在从严。纪检监察机关要把全面作为"协助"的基本要求，注重全方位、系统性、整体性，把"协助"体现到管党治党各领域、各环节、各层面；要把从严作为"协助"的长期导向，始终如一地把"严"字长期坚持下去，事事严、时时严，长管长严、持续从严。四是坚守定位是"协助"的关键要领。全面从严治党主责在党委，纪委履行的是协助职责，既要守住阵地不失位、聚焦职责不散光，又要厘清边界不越位、坚守职责不偏位，找准切入点、做实支撑点。

坚持问题导向，精准把握"协助"中的短板弱项

党的十九大以来，纪检监察机关协助党委推进全面从严治党进行了积极探索，但还存在一些短板和薄弱环节。一是协助定位不够精准。"谁来干"的问题还没有解决，有的把"协助"当成主抓，在运用监督执纪第一种形态、开展日常监督、问责追责等方面，全面代替党委履行主体责任，抢了别人的"活"；有的对"监督的再监督"把握不准，代替职能部门履行监管责任，冲到一线开展业务监督，种了别人的"田"；有的与党委中心工作贴得不够紧，担心参与过多会违背"三转"要求，跟进党中央重大决策部署开展监督检查不够及时有力，没有完全伸开"手脚"。二是协助内容不够清晰。"干什么"的问题还没有解决，有的地方党委对纪委在哪些方面协助把握不够准确，习惯于把全面从严治党工作整体打包交给纪委，导致纪委"协调变牵头、牵头变主抓、主抓变负责"。有的纪委把"协助"框定在正风肃纪反腐上，忽视了协助党委推进全面从严治党其他领域工作。三是协助方法不够丰富。"怎么干"的问题还没有解决，有的办案惯性思维较强，日常监督有效方法不多，运用现代科技手段有差距；有的统筹协作不够，与司法机关、执法部门等衔接配合还有不顺畅的地方，存在单兵作战、"信息孤岛"的现象；有的"后半篇文章"做得不好，一体推进标本兼治力度不足，教育、改革、建章立制工作需要加强。四是协助能力尚有欠缺。纪检监察干部能力素质与履行"协

助"职责不完全匹配，有的政治站位不高，不善于从政治上审视、分析和查处问题，做思想政治工作、把握政策策略水平亟待提升；有的纪法意识不强，存在不精准、不规范的问题；有的主动亮剑不够，敢于担当、敢于斗争的精神不足。以上这些影响了"协助"的效率和质量，也是下一步纪检监察机关攻坚克难、补弱增强的重点。

忠实履行职责，在"协助"上实现更大作为

找准协助定位，做到推动不代替、到位不越位。在目标上，要把坚持和加强党的全面领导作为根本政治原则，把"两个维护"作为根本政治任务，把政治标准作为根本检验标尺，始终在党的领导下开展工作，坚决维护党的领导。在站位上，既要继续抓好正风肃纪、反腐惩恶等常规性工作，更要与新时代党的建设同步推进，拓展工作内容、强化工作职能。在权限边界上，要聚焦监督执纪问责，尽职不越位、协助不包办、帮忙不代替，该牵头的牵头，该监督的监督，该配合的配合，不能回到"包打天下"的老路上去。

厘清协助内容，做到有的放矢、精准有序。要把政治建设摆在首位，强化政治监督，加强对党的路线方针政策、党中央重大决策部署贯彻落实情况的监督检查，推动各级把"两个维护"落实到具体事、具体行动中。严明政治纪律、政治规矩，严查"七个有之"，从讲政治高度集中整治形式主义、官僚主义，确保党中央政令畅通。要净化政治生态，加强对新形势下党内政治生活若干准则执行情况的监督检查，动态分析研判领导班子、领导干部廉政情况，全面了解"树木"和"森林"状况，推动政治生态持续好转。要做实做细监督首责，在日常监督、长期监督上积极作为，督促各级党组织、党员干部认真落实监督责任，探索同级监督、一把手监督的有效方法。要保持正风反腐高压态势，深挖细查"四风"问题隐形变异种种表象，一体推进不敢腐、不能腐、不想腐，持续整治群众身边的腐败和作风问题，巩固发展反腐败斗争压倒性胜利。

明确协助路径，做到积极主动、担当作为。要在决策层面提供建议参

考，对上级纪委作出的重大决策、重大安排等，及时向党委汇报，提出贯彻落实意见建议；认真分析和把握所监督地区部门全面从严治党存在的问题，向党委提出对策建议。要在部署层面协助责任分解，围绕党委作出的全面从严治党安排部署，协助进行责任分解，细化量化工作目标，压实各级党组织政治责任。要在执行层面督促落实，认真履行好组织协调职能，用好约谈、述责述廉、巡视巡察、派驻监督等方式，确保管党治党各项工作有部署、有检查、有落实。要在效果层面加强考核问责，协助党委建立科学严密的考核评价机制，摸清实情、找准问题。对不履行全面从严治党"两个责任"或者履行不力的，加大问责力度，倒逼责任落实。

提高协助能力，做到政治过硬、本领高强。增强政治能力，坚持用习近平新时代中国特色社会主义思想武装头脑，始终从践行"两个维护"的政治高度思考问题、开展工作。增强发现问题的能力，深入剖析、综合判研，及时向党委提出对策建议，在发现问题、解决问题的良性循环中把管党治党引向深入。增强运用法治思维、法治方式的能力，坚持纪在法前、纪法贯通、法法衔接，用好纪律和法律"两把尺子"，释放管党治党的刚性力量。增强抓落实的能力，坚持实事求是，做到知行合一，出实招、办实事、求实效，协助党委一以贯之把党中央全面从严治党的方针和要求落到实处。增强自我监督的能力，健全内控机制，审慎用权、高标准自律，刀刃向内、零容忍惩治，坚决防止"灯下黑"，打造忠诚坚定、担当尽责、遵纪守法、清正廉洁的纪检监察铁军。

八、适应新形势展现新作为
护航新时代改革开放 *

　　习近平总书记指出，改革开放 40 年积累的宝贵经验是党和人民弥足珍贵的精神财富，对新时代坚持和发展中国特色社会主义有着极为重要的指导意义，必须倍加珍惜、长期坚持，在实践中不断丰富和发展。伴随改革开放 40 年，在党中央的坚强有力领导下，纪检监察事业始终与改革开放同行，与党的建设同步，不断与时俱进、创新发展，取得了重要成就、交上了优异答卷。党的十九大对推进新时代党的建设新的伟大工程作出全面部署，为纪检监察工作指明了前进方向。我们要适应新形势、展现新作为，以习近平新时代中国特色社会主义思想为指导，坚持稳中求进工作总基调，坚持和弘扬改革创新精神，推进新时代纪检监察工作高质量发展。

　　坚持把"两个维护"作为首要政治任务，旗帜鲜明严肃党的政治纪律和政治规矩。习近平总书记指出，要坚持党对一切工作的领导，不断加强和改善党的领导，增强"四个意识"、坚定"四个自信"，坚决维护党中央权威和集中统一领导，确保改革开放这艘航船沿着正确航向破浪前行。"两个维护"是"四个意识"的集中体现，是纪检监察机关肩负的特殊历史使命和重大政治责任。纪检监察机关作为政治机关，必须旗帜鲜明地讲政治，牢牢把握"两个维护"这一最重要、最根本的使命和责任，自觉把"四个意识"转化成听党指挥、为党尽责的实际行动，时时处处事事强调和维护党的政治纪律和政治规矩，坚定坚决同危害党中央权威和集中统一领导的言行作斗争，坚定坚决维护以习近平同志为核心的党中央一锤定音、定于一尊的权威。在新

---

　　*　杨鑫，时任新疆维吾尔自治区党委常委、纪委书记、监委代主任。

疆，"两个维护"具体体现在坚决贯彻落实以习近平同志为核心的党中央治疆方略，紧紧围绕社会稳定和长治久安的总目标，强化监督、严格执纪、严肃问责，以铁的纪律确保党的路线方针政策、习近平总书记重要指示批示精神在天山南北落地生根。

坚持以人民为中心的政治立场，不断厚植党执政的政治基础和群众基础。习近平总书记指出，为中国人民谋幸福，为中华民族谋复兴，是中国共产党人的初心和使命，也是改革开放的初心和使命。与人民风雨同舟、生死与共，始终保持血肉联系，这是我们党战胜一切困难和挑战的根本保证。做好新时代纪检监察工作必须准确把握我国社会主要矛盾的发展变化，牢牢抓住保持党同人民群众血肉联系这个作风建设的根本，牢记民心是最大的政治，把人民群众拥护不拥护、赞成不赞成、答应不答应作为根本标准，凡是群众反映强烈的问题都要严肃认真对待，凡是损害群众利益的行为都要坚决纠正，坚持既打"老虎"又拍"苍蝇"，驰而不息纠治"四风"，集中整治形式主义、官僚主义，专项治理群众身边的腐败和作风问题，坚决清除"干部作风不实这个新疆最大的敌人"，坚决清除"损害群众利益这个割裂党同人民群众血肉联系的致命毒瘤"，让人民群众切实感受到正风肃纪反腐就在身边，不断增强获得感、幸福感、安全感，最大限度地凝聚民心、争取人心。

坚持纪严于法、纪在法前，全面加强党的纪律建设。习近平总书记指出，纪律严明是我们党不断从胜利走向胜利的重要保障。党的十九大首次把纪律建设纳入党的建设总体布局，新修订的《中国共产党纪律处分条例》将党章和党内政治生活准则等党内法规的新要求具体化，突出政治纪律，增强纪律建设的政治性、时代性、针对性。纪检监察机关作为执纪执法机关，要始终把纪律挺在前面，把政治纪律和政治规矩摆在首位，在新疆，尤其要把严肃反分裂斗争纪律作为重中之重，常态化加强纪律教育，既要加强党章党规党纪的学习教育，又要用身边人身边事开展警示教育，使铁的纪律转化为党员、干部的日常习惯和自觉遵循。要用好纪律和法律"两把尺子"，坚持纪严于法、纪法协同，把执纪和执法贯通起来，切实加强对党员和公职人员的日常管理和监督，精准运用监督执纪"四种形态"，尤其要在用好第一种形态上下功夫，抓早抓小、防微杜渐，持续用力、成为常态，最大限度地防止党员干部出问题。

坚持以改革为先导和动力，着力构建党统一指挥、全面覆盖、权威高效的监督体系。习近平总书记指出，深化国家监察体制改革的初心，就是要把增强对公权力和公职人员的监督全覆盖、有效性作为着力点，推进公权力运行法治化，消除权力监督的真空地带，压缩权力行使的任性空间，建立完善的监督管理机制、有效的权力制约机制、严肃的责任追究机制。全面从严治党永远在路上，纪检监察体制改革永远在路上。纪检监察机关要深刻领会习近平总书记关于全面深化改革的重要论述，准确把握纪检监察体制改革的基本要求，一体推进纪检监察体制"三项改革"，健全完善监督体系，切实增强监督全覆盖、有效性。要立足新疆作为反分裂斗争、反恐维稳、脱贫攻坚、全面从严治党主战场的实际，找准职责定位，聚焦主责主业，紧紧围绕社会稳定和长治久安总目标，一手抓反分裂斗争、维护党的政治纪律，一手抓党风廉政建设和反腐败斗争、推动全面从严治党向纵深发展。要牢牢把握聚焦监督第一职责、提高监督效能这一基本任务，加强日常监督、长期监督，提升派驻监督全覆盖质量，推动监察监督全覆盖，发挥巡视利剑作用，实现更高层次、更高水平的"三转"，切实把权力关进制度的笼子里，坚决防止公权力异化、变质、滥用。

坚持忠诚干净担当标准，全力打造政治过硬、本领高强的纪检监察铁军。习近平总书记指出，执纪者必先守纪、律人者必先律己。面对全面从严治党依然严峻复杂的形势和依然艰巨复杂的任务，做到让党放心、人民信赖，必须做到政治过硬、本领高强。纪检监察机关要把政治建设摆在首位，带头增强"四个意识"，把准政治方向，站稳政治立场，提高政治能力，在大是大非面前敢于发声、敢于亮剑、敢于斗争，以身许党许国、报党报国。要深入学习习近平新时代中国特色社会主义思想和党的十九大精神，在新疆尤其要认真学习习近平总书记关于民族宗教工作的重要论述，提高运用理论政策的本领；学好用好党章党规党纪和宪法法律法规，提高依规依纪依法履行职责的本领；深入开展调查研究，察实情、出实招、办实事、求实效，提高狠抓落实的本领。要主动开展自我监督、自觉接受外部监督，严格执行监督执纪工作规则，在行使权力上慎之又慎，在自我约束上严之又严。

九、以强烈的政治担当确保改革开放行稳致远 *

习近平总书记在庆祝改革开放 40 周年大会上的重要讲话，深刻总结改革开放 40 年的光辉历程、伟大成就和宝贵经验，把握中华民族实现伟大复兴的历史大势，饱含对人民群众的深切情怀，宣示将改革开放进行到底的雄心壮志，讲话气势恢宏、思想深刻，感人至深、催人奋进。广东在改革开放这个伟大历史转折中先行一步，是改革开放的排头兵、先行地、实验区。广东纪检监察干部将认真学习贯彻习近平总书记重要讲话精神，与深入学习贯彻习近平总书记视察广东重要讲话精神结合起来，联系实际、融会贯通，高举中国特色社会主义伟大旗帜，以更加强烈的政治担当，确保改革开放行稳致远。

坚决落实"两个维护"，确保党的领导贯彻到改革开放全过程各方面

办好中国的事情，关键在党。习近平总书记指出改革开放 40 年宝贵经验的第一条，就是"必须坚持党对一切工作的领导，不断加强和改善党的领导"。回顾改革开放 40 年，正是因为始终坚持党的集中统一领导，我们这个历经艰难曲折、百废待兴的国家才能成功开启改革开放新时期和中华民族伟大复兴新征程，成功应对一系列重大风险挑战，成功走出一条既不封闭僵化

＊ 施克辉，广东省委常委、省纪委书记、省监委主任。

也不改旗易帜的中国特色社会主义道路。伟大复兴绝不是轻轻松松、敲锣打鼓就能实现的。40年人间奇迹的创造，每一步都不是轻而易举的；面向未来，前进道路上必定会面临风险挑战，甚至会遇到惊涛骇浪。这就决定了在坚持党的领导这个重大原则问题上丝毫不能动摇。纪检监察机关必须始终保持政治上的清醒和坚定，以强烈的担当精神坚决维护习近平总书记的核心地位，坚决维护党中央权威和集中统一领导，确保我们党始终成为中国特色社会主义事业的主心骨，确保党的领导贯彻到改革开放的全过程和各方面。

强化政治监督。教育引导各级党组织和广大党员干部增强"四个意识"、坚定"四个自信"，自觉践行"两个维护"，始终在政治立场、政治方向、政治原则、政治道路上同以习近平同志为核心的党中央保持高度一致。加强对贯彻落实习近平总书记重要指示批示精神和党中央重大决策部署情况的监督检查，督促各级领导干部牢牢把握改革开放的原则要求，做到该改的、能改的坚决改，不该改的、不能改的坚决不改，确保改革开放沿着正确的方向前进，推动改革开放决策部署落地见效。

严明政治纪律。坚持"五个必须"，深入肃清李嘉、万庆良恶劣影响，贯彻好省委提出的"三个决不允许"要求。把发现和查处"七个有之"问题落实到巡视巡察、监督执纪、责任追究的各个环节，对涉及"七个有之"问题线索优先处置。坚决查处在党内搞小山头、小圈子、小团伙的问题，坚决防范商品交换原则对党内生活的侵蚀。

严肃党内政治生活。抓好新形势下党内政治生活若干准则的执行落实。围绕"不忘初心、牢记使命"主题教育，认真总结广东连续27年开展纪律教育学习月活动和连续17年举办党章党规党纪教育培训班的经验，推进党章党规党纪教育经常化，着力教育引导广大党员干部把以经济建设为中心同坚持四项基本原则、坚持改革开放统一于新的伟大实践。把好选人用人的政治关、品行关、作风关、廉洁关，为培养选拔能担当新时代重任的干部队伍提供有力保证。

坚持以人民为中心的发展思想，
确保人民群众共享改革开放成果

为中国人民谋幸福，为中华民族谋复兴，是中国共产党人的初心和使命，也是改革开放的初心和使命。40年波澜壮阔的改革开放实践，生动地践行了党的理想信念宗旨，诠释了党的初心使命，深刻回答了马克思主义执政党"为了谁、依靠谁"这个历史唯物主义的根本问题。习近平总书记强调，要"通过提出并贯彻正确的理论和路线方针政策带领人民前进，又从人民实践创造和发展要求中获得前进动力"，让人民共享改革开放成果。纪检监察机关要始终饱含对人民的赤子之情，切实解决群众身边的腐败和作风问题，做到人民群众反对什么、痛恨什么，就坚决防范和纠正什么，确保人民群众共享改革开放成果，激励人民更加自觉地投身改革开放和社会主义现代化建设事业。

坚决严厉惩治腐败。腐败损害群众利益，严重侵蚀人民群众的获得感，是改革开放前进道路上的"绊脚石""拦路虎"。要保持战略定力，以反腐败永远在路上的坚韧和执着，深化标本兼治，坚决清除一切腐败分子，重点削减存量、零容忍遏制增量，坚持追逃追赃不松劲、不停步，巩固发展反腐败斗争压倒性胜利，保证干部清正、政府清廉、政治清明，努力为继续推进改革开放营造海晏河清的政治生态。

推进扶贫领域监督执纪问责和扫黑除恶专项斗争。认真落实广东省基层正风反腐三年行动方案，加强对落实情况的检查督促。深化扶贫领域腐败和作风问题专项治理，紧盯政策落地、项目安排、资金使用、责任落实和工作作风等问题，强化监督执纪问责。严惩涉黑涉恶腐败和"保护伞"，深挖细查重点行业、重点领域的涉黑涉恶腐败和"保护伞"问题，不断提升人民群众对扫黑除恶专项斗争的信心和获得感。

持之以恒纠"四风"、树新风。继续保持对"四风"露头就打的凌厉态势，深挖细查隐形变异的享乐主义和奢靡之风问题，坚决整治领导干部利用名贵特产类特殊资源牟利问题，不断密切党同人民群众的血肉联系。着力破除形式主义、官僚主义，紧盯领导机关和领导干部，注重从日常监督、审查调查、巡视巡察中发现问题，强化监督执纪问责。督促各级党组织履行主体责任，深入整治庸懒散拖、消极应付、弄虚作假以及检查考核名目繁多、频率过高、多头重复等问题，推动求真务实蔚然成风。

以改革创新精神加强和完善自己，
确保实现新时代纪检监察工作高质量发展

创新是改革开放的生命，也是推进党的建设新的伟大工程、推动党自我革命的重要法宝。党的十九大提出了党的建设高质量发展的时代课题，必然要求实现纪检监察工作高质量发展。习近平总书记强调，要坚持用时代发展要求审视自己，以强烈忧患意识警醒自己，以改革创新精神加强和完善自己，在应对风险挑战中锻炼提高，在解决党内存在的突出矛盾和问题中净化纯洁，不断提高管党治党水平。习近平总书记的重要论述，彰显了我们党自我净化、自我完善、自我革新、自我提高的一贯自觉，体现了在发展中完善自己和以完善自己推动发展的辩证统一，对纪检监察机关具有极强的针对性。要自觉把纪检监察工作放在改革开放新的历史进程中来把握，增强忧患意识、发展意识、创新意识，坚持问题导向，不断推进纪检监察理念思路、体制机制、方式方法创新，把制度优势转化为治理效能，实现纪检监察工作高质量发展。

蹄疾步稳深化纪检监察体制改革。坚持党对反腐败工作的集中统一领导，发挥纪检监察合署办公优势，建立健全统一决策、一体运行的执纪执法工作机制。完善纪律监督、监察监督、派驻监督、巡视监督工作格局，推进纪法贯通、法法衔接，增强对公权力和公职人员的监督全覆盖、有效性，不断增强反腐败工作合力。坚决贯彻落实中央关于深化派驻机构改革的工作部署，健全派驻监督领导体制和工作机制，分类施策推进国企、高校纪检监察体制改革，更好发挥派驻机构和国企、高校纪检监察机构的监督作用。

精准监督执纪问责。着眼于最大限度地防止干部出问题、最大限度地激

发干部积极性，深化运用监督执纪"四种形态"。坚持看违纪情节、时间节点、动机原因、认错态度、一贯表现、危害程度、群众口碑的"七看"原则，精准把握政策，精准作出处置。注重问责效果，念好"严、准、度、通"的"四字经"，做到态度要严、认定要准、处理要恰当、思想工作要做通，发挥好问责的惩戒和教育综合效应。立足于教育人、挽救人、转化人，把思想政治工作贯穿监督检查和审查调查全过程。

坚持依规依纪依法履职。坚持用法治思维和法治方式反对腐败，正确行使党内监督权和国家监察权，认真落实监督执纪工作规则，严把证据关、程序关和法律适用关，确保每一个案件都经得起历史和实践的检验。正确处理好改革发展稳定的关系，把握好查办案件的力度、节奏和分寸、火候，实现政治效果、纪法效果、社会效果相统一。在查办案件中，对需要协助调查的民营企业经营者，要保障其合法的人身财产权益，严格区分涉案人员和证人，依法精准适用调查措施，最大限度地减少对企业正常经营活动的影响，保障民营经济健康发展。

建设忠诚干净担当的高素质纪检监察队伍。深入学习贯彻习近平总书记对纪检监察干部队伍建设的重要要求，坚持政治站位、党员身份、职责使命、家风家教、缺点不足"五个摆进去"，常学习、常对照，不断砥砺对党忠诚的政治品格。加强党章党规和宪法监察法等法律法规学习，加强实践锻炼，不断提升纪检监察专业化能力、调查研究能力和思想政治工作能力。严格落实省纪委监委领导干部和工作人员"九条禁令"，扎实开展纪检监察系统专项检查和警示教育，坚持刀刃向内，及时打扫庭院，坚决清理门户，严防"灯下黑"。

第二部分
做实日常监督

一、精准发力提升监督质效 *

党的十九届四中全会把监督工作、反腐败工作纳入国家制度和治理体系作出顶层设计，把党和国家监督体系上升为中国特色社会主义重要制度、上升为治理体系和治理能力现代化重要任务作出部署安排，为做好新时代纪检监察工作打开了新的视野、提出了新的要求。中央纪委国家监委第一监督检查室专司监督职责，肩负监督推动部分中央和国家机关单位加强党的建设、落实全面从严治党战略部署的重大政治责任，必须深入学习领悟习近平新时代中国特色社会主义思想，认真贯彻党的十九届四中全会精神，按照"监督保障执行、促进完善发展"的要求，始终坚守监督第一职责，把牢监督政治属性，找准监督职能定位，强化精准思维，持续在做实做细对中央和国家机关单位的监督上发力增效。

紧紧围绕落实"两个维护"开展政治监督

习近平总书记指出，带头做到"两个维护"，是加强中央和国家机关党的建设的首要任务。党的十九届四中全会《中共中央关于坚持和完善中国特色社会主义制度　推进国家治理体系和治理能力现代化若干重大问题的决定》（以下简称《决定》）强调，要强化政治监督，加强对党的理论和路线方针政策以及重大决策部署贯彻落实情况的监督检查。中央和国家机关是贯彻

---

* 中央纪委国家监委第一监督检查室。

落实党中央重大决策部署的"第一棒",如果"第一棒"就"掉了链子","两个维护"在"最先一公里"就可能落空;如果党的理论和路线方针政策在中央和国家机关差之毫厘,到了基层就可能谬以千里。

对中央和国家机关开展监督工作,必须紧密结合各部门各单位职能职责,把推动落实"两个维护"作为根本政治任务,加强对学习贯彻习近平新时代中国特色社会主义思想和党的十九大精神情况,贯彻落实党的路线方针政策和党中央决策部署情况,贯彻落实习近平总书记关于本部门本单位本系统重要指示批示精神情况的监督检查。如,对统战部门,要重点监督检查学习贯彻习近平总书记关于统一战线工作重要论述,加强党的全面领导、巩固共同思想政治基础等情况;对外事部门,要重点监督检查学习贯彻习近平总书记外交思想,维护国家主权、安全、发展利益等情况;对政法机关,要重点监督检查学习贯彻习近平总书记关于政法工作重要论述,维护国家政治安全、加快推进政法领域全面深化改革等情况;对群团组织,要重点监督检查坚定不移走中国特色社会主义群团发展道路,增强政治性、先进性、群众性等情况。

通过加强政治监督,督促推动中央和国家机关单位真正发挥表率作用,永葆中央和国家机关单位作为政治机关的鲜明本色。要推进政治监督具体化、常态化,把监督的着力点放在建设良好政治生态等任务上来,加强对打赢三大攻坚战、扫黑除恶"打伞"、减税降费等重大举措的监督检查,做到党中央重大决策部署到哪里,监督检查就跟进到哪里,确保党中央重大战略和决策部署高质量推进实施。

紧紧围绕压实主体责任开展监督

党的十九届四中全会《决定》强调,要重点加强对高级干部、各级主要领导干部的监督,完善领导班子内部监督制度,破解对一把手监督和同级监督难题。中央和国家机关层级高、条线长,职能各异,开展监督工作的关键是牵住主体责任这个"牛鼻子",监督推动各部门各单位党组(党委)落实好机关党建主体责任，扎实推进全面从严治党。要加强对中央和国家机关各单位党组（党委）和班子成员的日常监督，督促其强化抓机关党建是本职、不抓机关党建是失职、抓不好机关党建是渎职的理念，夯实管党治党的主体责任，强化对下级党组织特别是主要领导干部的监督，把监督寓于实施领导的全过程。

要督促党组（党委）书记履行好第一责任人的职责，坚持"书记抓、抓书记"，领导班子成员和各级领导干部履行"一岗双责"，实行主体责任清单化管理，把责任内容落实到岗、明确到人，层层压实管党治党政治责任。要细化压实主体责任工作，如在处置中管干部涉嫌违纪但情节较轻的问题线索时，视情况委托党组（党委）书记开展谈话；在违纪违法案件查处后，督促推动党组（党委）抓好以案促改、警示教育等工作，确保管党治党责任落到实处。督促纪检监察组带着实际情况和具体问题，至少每半年会同被监督单位党组织专题研究一次全面从严治党、党风廉政建设和反腐败工作，监督检查室派员参加，将压力传导到位，切实发挥专题研究会商机制的应有作用。

紧紧围绕精准处置问题线索开展监督

中央和国家机关权力集中、资金密集、资源富集，防风险、反腐蚀任务重，必须把监督挺在前面，寓于日常工作中，真刀真枪地开展监督，对于突出问题做到重点监督、精准纠治。要正确运用监督执纪"四种形态"，综合运用线索处置、谈话函询、约谈提醒、驻点调研等方式开展全方位监督，尤其是在问题线索处置上要做到精准，着力提高谈话函询质量，加大谈话函询抽查核实力度，真正使谈话函询"长牙""带电"，做到监督常在、形成常态。

要树立对中央和国家机关领导干部要求更严的理念，持续紧盯作风问题，对苗头性、倾向性问题露头就制止，对违反中央八项规定精神问题发现就严肃处理。特别是中央和国家机关居"庙堂"之高，容易脱离群众、脱离实际、脱离一线，容易滋生官僚主义、衙门作风，要持续加强监督检查，发现问题及时纠正，对违规违纪行为动辄则咎。坚持严惩这一手不能松不能软，注重发现中央和国家机关的"灯下黑"问题，对违纪违法问题，坚决予以查处。

紧紧围绕统筹衔接"四项监督"开展监督

构建纪律监督、监察监督、派驻监督、巡视监督"四个全覆盖"的权力监督格局，是做实做细监督工作的重要支撑。要按照党的十九届四中全会关于"推进纪律监督、监察监督、派驻监督、巡视监督统筹衔接"的要求，完善协调联动机制，使"四项监督"贯通融合、协调衔接，实现同步推进、同向发力、同增质效，形成合力。要加强监督检查与审查调查的衔接配合，监督检查室做好问题线索的核实了解，为审查调查室提供高质量的"案源"；审查调查室深化案件剖析，审查调查过程中注意收集梳理案发单位政治生态情况和突出问题，结案后及时向监督检查室通报案件情况、移交材料，并提出开展监督的意见建议；监督检查室用好案件查办成果，结合日常工作中掌握的"活情况"，及时推动做好以案促改，形成从线索处置到案后整改的闭环。

深入贯彻落实《关于深化中央纪委国家监委派驻机构改革的意见》，紧密结合中央纪委国家监委派驻机构实际，加强分类指导和协同配合，探索建立完善"室组联动"机制：经常进行沟通交流，定期协商通气，及时传达领导指示批示精神，通报相关情况，研究解决问题；共同研判被监督单位政治生态，做到信息共享、情况互通；加强服务保障，认真办理派驻机构提请协调事项，形成监督合力。同时，深入探索实践派驻机构与地方监委"组地联合"开展审查调查的机制，进一步发挥各自优势、取长补短，合力释放制度"红利"。

认真贯彻《中国共产党巡视工作条例》和相关文件要求，主动加强与中央巡视组的沟通协作，探索深化日常监督与巡视监督的贯通协同，做到巡视前全面介绍情况，巡视中及时沟通对接，巡视后跟进整改监督，持续做好巡视"后半篇文章"，进一步增强监督合力，提升监督效能，推动监督检查工作深入开展。

着力打造铁一般的监督队伍

打铁必须自身硬，监督者是"打铁"的人，必须成为铁打的人。党的十八大以来，习近平总书记反复强调要从严从实加强纪检监察干部队伍建设，打造一支纪检监察铁军。作为监督中央和国家机关单位的监督检查室，监督对象特殊，工作政治性、政策性、专业性很强，必须始终按照更高标准更严要求全方位加强自身建设，锤炼担当尽责真本领，做党和人民的忠诚卫士。

要巩固深化"不忘初心、牢记使命"主题教育成果，深入学习领悟习近平新时代中国特色社会主义思想，突出抓好党的十九届四中全会精神的学习贯彻，深刻领会习近平总书记关于全面从严治党的重要论述，提高监督的政治站位、政治觉悟，切实在增强"四个意识"、坚定"四个自信"、做到"两个维护"上当表率、做示范。要发扬斗争精神、增强斗争本领，把提高治理能力作为队伍建设的重大任务，强化制度意识、提高制度执行力，坚持实事求是的精神，坚持稳中求进工作总基调，严格依规依纪依法开展监督工作。要加强党支部标准化规范化建设，充分发挥支部战斗堡垒作用，强化自我监督和自我约束，确保执纪执法权始终在严密监督下正确行使，真正在做实做细监督工作中锻造成为烈火真金。

二、做实做细监督职责　切实提升监督质量 *

十九届中央纪委三次全会是在全面从严治党向更大战略性成果迈进的新形势下召开的一次重要会议，习近平总书记在三次全会上的重要讲话为推动新时代纪检监察工作高质量发展指明了方向。作为中央纪委国家监委监督检查室，要深入领会习近平总书记重要讲话精神，坚决抓好会议精神贯彻落实。特别是要以更高政治站位、更高质量要求，始终把监督挺在前面，探索创新监督工作格局，以强化政治监督为统领，以开展专项监督为抓手，以做实日常监督为基础，以坚持长期监督为战略，以实施精准监督为保障，全面强化监督职能，做实做细监督职责，不断提升监督质量，使监督检查工作的思路举措更加科学、更加严密、更加有效，为推进全面从严治党、确保党的十九大精神落实到位发挥职能作用。

聚焦"两个维护"，坚决做好政治监督

纪检监察机关是政治机关，纪检监察监督本质上是政治监督，必须把加强对党员干部做到"两个维护"等政治表现的监督检查作为统领性工作，摆在首要位置来抓。要不断增强"四个意识"，坚决同"七个有之"等违反政治纪律和政治规矩的行为作斗争，对政治立场动摇、同党中央不保持一致的人严肃处理，对政治上离心离德、思想上蜕化变质、组织上拉帮结派、行动

＊　中央纪委国家监委第五监督检查室。

上阳奉阴违等问题坚决查处，督促党员领导干部把"两个维护"落实在实际行动上。要加强对贯彻落实新形势下党内政治生活若干准则情况的监督，派员列席联系地区党委等领导班子民主生活会，加强会前、会中、会后的全程监督，着力纠正党内政治生活不严肃不认真、民主集中制不落实不到位等突出问题，强化经常性政治体检，发展积极健康政治文化。

习近平总书记在全会上强调，要坚持党中央重大决策部署到哪里，监督检查就跟进到哪里。这为强化政治监督、做好"两个维护"指明了实践路径，提出了明确要求。要把加强对党中央重大决策部署和习近平总书记重要指示批示精神贯彻落实的监督作为重大政治责任，紧密结合联系地区实际，对京津冀协同发展、雄安新区建设、冬奥会筹备、山西综改示范区等重大战略部署的推进情况，加大监督检查力度，推动政治监督具体化、规范化、常态化。形式主义、官僚主义是阻碍党中央重大决策部署落实的大敌，必须从讲政治的高度来审视，紧盯对党中央重大决策部署不敬畏、不在乎、喊口号、装样子等错误表现，紧盯空泛表态、应景造势、敷衍塞责、出工不出力等突出问题，从政治纪律查起，强化监督执纪问责，确保党中央政令畅通、令行禁止。

针对突出问题，扎实开展专项监督

专项监督，主要是针对一时一地一域带有普遍性的突出问题，集中精力开展重点检查，定向发力督促专门治理，是具有较强时效性、专业性和针对性的监督方式。贯彻全会精神，必须把专项监督作为重要抓手，推动监督职责在关键领域、重点问题上取得突破、见到实效。要围绕党中央有关部署，特别是打赢三大攻坚战等重点任务，组织开展专项监督。深入抓好扶贫领域腐败和作风问题专项治理，着力消除脱贫攻坚主体责任压得不实、监管缺位、监督执纪问责不力等"拦路虎"，以作风攻坚促进脱贫攻坚。加强对风险防范、污染防治等重大任务中"两个责任"落实情况的专项监督，以重点问题的集中整治推动监督职责有力履行、有效开展。

民心是最大的政治。要认真落实习近平总书记关于"向群众身边不正之风和腐败问题亮剑"的重要指示精神，抓住群众反映强烈、损害群众利益的突出问题，开展专项监督。深入推进扫黑除恶专项斗争，督促联系地区党委担负起扫黑除恶主体责任，深挖彻查涉黑涉恶腐败和"保护伞"，不断增强人民群众的获得感、幸福感、安全感。围绕基层干部贪污侵占、虚报冒领等问题，农地非农化背后的利益输送问题，教育医疗、食品药品安全等方面侵害群众利益问题，组织和督促联系地区开展民生领域问题专项整治，严肃查处"蝇贪"和"微腐败"，让群众切身感受到正风反腐的成效和变化。

坚持监督常在，做实做细日常监督

日常监督把监督寓于日常工作中，重在抓早抓小、防微杜渐，从源头上预防和减少违纪违法和腐败问题，是监督职责的基础性、常态化工作。全会明确要求，"把日常监督实实在在地做起来、做到位""切实做到监督常在、形成常态"。要深刻领会全会精神，把监督每个环节的工作抓具体、抓深入。坚持把问题线索作为日常监督的重要切口，定期研判、分类处置，对苗头性、倾向性问题或轻微违纪问题及时谈话函询、约谈提醒、批评教育、责令整改，取得"未病先防""小病防变"的效果。要前移监督关口，拓宽监督渠道，积极开展监督检查发现问题，高度关注媒体曝光等途径反映的问题，主动监督、及时监督，增强监督实效。做实做细谈话函询监督，事前开展必要的了解核实，事后加强抽查检查，提高监督谈话比例，加大抽查核实力度，增强监督权威性和威慑力。细化实化对中央八项规定及其实施细则精神执行情况的监督检查，释放越往后执纪越严的信号。

形成监督常态，目的是涵养良好政治生态。要把政治生态情况列入日常监督的重要内容，把握"树木""森林"的关系，从全局、整体出发开展日常监督。定期研判联系地区政治生态，把监督对象纳入政治生态总体格局中来认识、把握，提出有针对性的监督意见。要下沉基层开展蹲点式、接地气的调研，把问题找准，把线索摸清，把监督做实。要严把党风廉政意见回复关，做好政治生态源头净化工作。要加强对联系地区纪委监委工作指导，上下联动，推动"两个责任"贯通协同、形成合力。坚持日常监督和巡视监督紧密衔接，强化对巡视整改的日常监督，协力推进政治生态建设。

深化标本兼治，抓紧抓好长期监督

全会明确提出，做实做细监督职责，着力在日常监督、长期监督上探索创新、实现突破。把日常监督与长期监督相提并论，体现了党的十八大以来全面从严治党在"常""长"二字上下功夫的一贯思想。贯彻全会精神，必须认真领会这一要求，始终保持战略定力，抓紧抓好长期监督，坚定不移推进全面从严治党、强化党内监督，坚定不移反腐惩恶、正风肃纪，把"严"字长期坚持下去，以钉钉子精神狠抓落实、抓出成效，取得全面从严治党更大战略性成果，巩固发展反腐败斗争压倒性胜利。

长期监督表明监督不是"一时"之需，而是"一世"之事，是事关长远和全局的战略问题，不仅要从"时"上来把握，更要从"度"和"效"上来把握，注重加大监督力度、拓进监督深度，在源头治理、强根固本上见实效、求长效。这就要求我们必须认真贯彻习近平总书记关于深化标本兼治和一体推进不敢腐、不能腐、不想腐的重要指示精神，贯通运用监督执纪"四种形态"，坚持思想教育、政策感化、纪法威慑相结合，实现监督检查与审查调查无缝衔接，既"医其受病之处"又"塞其起弊之原"。要在强化办案工作，突出重点削减存量、零容忍遏制增量的同时，强化办案治本效应，坚持"一案一总结、一案一剖析、一案一警示、一案一建议"，加强以案促改，深入剖析案件成因和教训，以案为鉴开展警示教育，针对监督盲区和管理漏洞提出监察建议，使之成为长期坚持的制度机制，促进提高思想觉悟、扎牢制度笼子。

突出质量要求，着力强化精准监督

贯彻全会精神，必须围绕高质量发展，强化精准思维，切实做到精准发现问题、精准把握政策、精准作出处置。要精准把握监督的职责、任务、对象和原则，严格按照规定权限、规则、程序开展工作，准确运用监督执纪"四种形态"，做到敢于监督、善于监督、规范监督。要持续深化"三转"，细化规范谈话函询、初步核查、抽查核实、专项检查、列席会议、监督检查、专题调研等监督方式方法，强化常态化、近距离、可视化监督。要精准运用政策，严格纪法界限，坚持实事求是，注重宽严相济，既从严从实监督，又把思想政治工作贯穿始终，既查清问题、严惩腐败，又澄清诬告、保障权利，鼓励干部担当作为，实现政治效果、纪法效果、社会效果有机统一。

监督高质量、精准化，离不开队伍高素质、专业化。要强化干部队伍学习培训和锻炼培养，扎实开展"不忘初心、牢记使命"主题教育，在监督实践中砥砺提升忠诚履职的政治能力、依规依纪依法开展监督的专业能力、调查研究能力和思想政治工作能力。要严管厚爱结合，既支持干部大胆履行监督职责，深入联系地区开展监督，又严守监督者与被监督者交往的行为界限，坚决防止被"围猎"等问题。要严格执行监督执纪工作规则，结合实际完善监督检查履职规范，健全内控机制，督促干部讲政治、练内功、提素质、强本领，更好地担当起新时代纪检监察工作高质量发展的职责任务。

三、以忠诚品格抓实监督[*]

习近平总书记在十九届中央纪委三次全会上的重要讲话充分肯定了党的十九大以来全面从严治党取得新的重大成果，深刻总结改革开放 40 年来党进行自我革命的"五个必须"的宝贵经验，对全面从严治党作出新部署、提出新要求。赵乐际同志的工作报告深入贯彻习近平新时代中国特色社会主义思想和党的十九大精神，体现了与以习近平同志为核心的党中央保持高度一致的鲜明立场，聚焦主业、重点突出，对当前纪检监察工作作出全面部署。我们将立足岗位职责，坚持稳中求进，始终做到"五个忠诚"，不松劲、不停步、再出发，不断推动监督检查工作高质量发展。

忠诚于共产主义事业，深入学习贯彻习近平新时代中国特色社会主义思想和党的十九大精神，着力在持续深入、学深悟透、学用结合上下功夫

我们党的最高理想和最终目标是实现共产主义。"为共产主义奋斗终身"是每一名党员宣誓的庄严誓词，忠诚于共产主义事业是每一名党员的政治基因。共产主义远大理想的时代任务就是实现中华民族伟大复兴。习近平新时代中国特色社会主义思想是马克思主义中国化的最新成果，是全党全国人民为实现中华民族伟大复兴而奋斗的行动指南。忠诚于共产主义事业，必须深

---

* 中央纪委国家监委第九监督检查室。

入学习贯彻习近平新时代中国特色社会主义思想和党的十九大精神。实践证明，在习近平新时代中国特色社会主义思想和党的十九大精神的指引下，我们党以改革创新精神全面加强党的建设，党和国家各项事业取得新的重大成就，全国各族人民正阔步走在中华民族伟大复兴的征程上。

中央纪委承担着协助党中央推进全面从严治党的重要职责，肩负着推进反腐败斗争的重大任务，是加强党的建设、推进全面从严治党的重要力量，更要首先真正学懂弄通做实习近平新时代中国特色社会主义思想，切实增强政治认同、思想认同、理论认同、情感认同。要把自己摆进去、把职责摆进去、把工作摆进去，结合职能职责，结合具体问题，结合自身思想实际，带头学习、带头思考、带头宣讲、带头贯彻，自觉用以武装头脑、指导实践、推动工作，成为一种习惯，成为一种常态。要发扬钉钉子精神，一年接着一年干，一件事情接着一件事情办，确保党的十九大部署的相关工作任务落到实处，切实做到为党分忧、为国尽责、为民奉献。

忠诚于党的领导，认真履行"两个维护"政治责任，着力在带头贯彻落实党中央决策部署、探索有效监督方式、严明政治纪律和政治规矩上下功夫

党的十八大以来，改革发展斗争的实践证明，党和国家事业之所以取得历史性成就、发生历史性变革，最根本的是有以习近平同志为核心的党中央的坚强领导。为进一步实现"两个一百年"奋斗目标和中华民族伟大复兴，必须始终坚持和忠诚于党的领导。根本上是要维护习近平总书记党中央的核心、全党的核心地位，纪检监察机关作为政治机关、作为党内监督和国家监察的专责机关，必须做到以下两点。

一方面，自己首先要做"两个维护"的坚定践行者，对习近平总书记批示指示的工作不折不扣落实、认真及时办理。我们站在将习近平总书记重要批示作为党内政治要件的高度，深入督查调查社会关注度高的环保、民生方面的违纪违法问题，组织联系地区开展人防系统腐败问题专项治理、"大棚

房”专项清理整治，取得良好综合效果。

另一方面，要立足政治监督的职责定位，将党中央路线方针政策部署落实情况作为监督重点，保证“两个维护”在全党贯彻落实。坚决破除形式主义、官僚主义，及时发现、严肃查处空泛表态、应景造势、敷衍塞责、出工不出力等问题，督促联系地区各级党组织和党员干部把党的十九大战略部署实化细化、层层落实，确保中央政令畅通。要加强对新形势下党内政治生活若干准则、民主集中制各项制度执行情况的监督检查，大力弘扬共产党人价值观，建设积极健康的政治文化。要严明政治纪律和政治规矩，进一步针对“七个有之”，深入查处对党不忠诚不老实、阳奉阴违的“两面人”和违背党的政治路线、破坏党内政治生态问题。

忠诚于党的宗旨，加强作风建设，密切党同人民群众的血肉联系，着力在坚决反对“四风”、持续整治群众身边腐败问题上下功夫

我们党代表中国最广大人民的根本利益，宗旨是全心全意为人民服务。只有始终保持党同人民群众的血肉联系，带领全国人民艰苦奋斗，才能获得最广大人民的真心拥护，获得不竭动力和胜利之本。违反中央八项规定精神以及“四风”问题都是损害党的形象、割裂党群关系、削弱人民对党的情感的突出问题，必须严到底、不能让。我们严肃查处了中管干部在党的十九大后违反中央八项规定精神问题，体现了越往后执纪越严的鲜明态度。要继续把刹住“四风”作为巩固党心民心的重要途径，坚决防止产生“疲劳综合征”，坚定不移纠“四风”、树新风。

持续整治群众身边的腐败和作风问题，把全面从严治党同监察体制改革的成果紧密结合起来，推动全面从严治党和监察全覆盖向基层延伸，打通“最后一公里”，让群众感受到正风肃纪反腐就在身边。深入基层、深入群众开展调研，从实际出发，对着问题去，找到破解难题的办法和路径，创造性地开展工作。在扶贫领域，要坚决惩处敢向群众伸手的党员干部和公职人

员，督促扶贫领域巡视整改工作落到实处。在扫黑除恶问题上，要严肃查处党员涉黑腐败问题，坚决清除"保护伞"。加强对下督导和上下联动，对干扰多阻力大、疑难复杂的案件，对群众反映强烈的案件，对涉案人员层级复杂、范围广的案件，强化督导。

忠诚于监督第一职责，以改革创新精神推动监督工作高质量发展，着力在精准发现问题、精准处置问题线索、抓好巡视整改、提高监督实效上下功夫

党的十八大以来，我们党全面强化党内监督，持续深化国家监察体制改革，实现对公职人员的监察全覆盖，监督体系不断健全和完善。在新形势、新要求、新标准下，要融合好、贯通好、执行好纪检监察两项职能，必须以改革创新精神推动监督工作高质量发展。

一是要创新理念，强化提升依纪依法、规范监督的理念。深入理解监察委员会依法行使的监察权，不是行政监察、反贪反渎等职能的简单叠加，而是在注重监督的基础上，既调查职务违法行为，又调查职务犯罪行为。牢固树立依纪依法开展监督的思维和意识，准确把握权力边界和政策界限，合规合法用好党章党规党纪和宪法法律两把"尺子"，实现监督的政治效果、纪法效果和社会效果有机统一。

二是要创新思路，提高精准发现问题、近距离发现问题的能力。综合运用深入调研、听取汇报、个别谈话、抽查检查、列席民主生活会等形式，根据不同地区、部门、领域的特点，针对如纪律处分打白条、凑数式问责、利用特殊资源谋取利益等问题，抓住主要矛盾和矛盾的主要方面，强化"靶向治疗"思维，把准关节点、要害处，做到精准发现、精准施策、精准解决。

三是要创新方式，深化运用好监督执纪"四种形态"。加强问题线索处置工作，提高问题线索处置意见的精准性，用好用足第一种形态，提高谈话函询质量，增加直接谈话比例，加大函询后抽查核实力度。坚持思想教育、政策感化、纪法威慑相结合，抓早抓小、防微杜渐，持续用力，使之成为常

态，督促干部习惯在受监督和约束的环境中工作生活，最大限度地防止干部出问题。

四是要创新办法，将督促巡视整改落实作为日常监督的重要内容。督促推动联系省区巡视整改，加强对整改落实情况的日常监督，对拒不整改、应付交差、虚假整改等问题严肃追责问责。推动未巡视地区对照中央巡视发现的问题，举一反三、即知即改，拓展延伸巡视整改成效。

忠诚于党的使命，打造忠诚干净担当干部队伍，着力在强化政治能力、提高专业化水平、严守纪律上下功夫

随着全面从严治党向纵深发展，纪检监察队伍担负的为党的肌体健康保驾护航的历史使命更加光荣重大，也将经受更大考验。纪检监察机关肩负着党和人民的重托，必须牢记打铁必须自身硬的政治要求，忠于使命，敢于担当，勇挑重担，能办成事而不出事，为全党全社会树起严格自律的标杆。组织全室干部深入开展"不忘初心、牢记使命"主题教育，坚守我们党的初心使命、纪检监察机关的初心使命、党员个人许党报国的初心使命。要严肃认真地开展党内政治生活，有意识地让干部在不断锤炼党性中把遵守党的纪律、听从党的指挥上升为政治自觉，形成政治修养，提高政治站位和政治觉悟。

要把能力建设摆在更加重要的位置，加强业务技能学习训练，不断增强纪检监察干部的纪法工作水平和调研、创新能力，既准确把握党的政策和策略，深化运用监督执纪"四种形态"；又严把事实关、程序关和法律适用关，增进履职效能，提高工作规范化法治化水平。要将纪律教育管理监督融入平时工作，与政治理论学习、开展业务工作统一起来，加强经常性的谈心谈话，了解干部思想动态、工作状态和生活情况，对队伍中存在的苗头性倾向性问题早发现、早谈话、早提醒，坚持边查边改、立行立改，督促全体党员干部时刻严守纪律规矩。要从思想上、心理上关心干部，合规合法地主动帮助解决一些实际困难，让大家安心、顺心工作。

四、真正把监督职责履行到位 *

习近平总书记在十九届中央纪委二次全会上指出，我们党全面领导、长期执政，面临的最大挑战是对权力的监督。这关乎党和国家事业成败，关乎我们党能不能跳出历史周期率。监督是纪委监委的基本职责、第一职责，纪检监察机关在强化党和国家自我监督中负有重大政治责任。我们必须以习近平新时代中国特色社会主义思想为指引，定位向监督聚焦，责任向监督压实，力量向监督倾斜，不断增强发现问题、及时纠偏的能力，以新时代纪检监察工作的高质量发展，有效应对强化权力监督这个最大挑战，保证我们党在长期执政条件下始终保持先进性和纯洁性。

实现高质量发展必须始终把监督作为基本任务

新时代纪检监察工作实现高质量发展，要牢牢把握聚焦监督第一职责、提高监督效能这一基本任务。这一基本任务，体现着纪检监察机关的初心初衷，贯穿于新时代纪检监察工作的全部过程。

监督是纪检监察事业发展的基础，须臾不可偏废。纪检监察机关一经诞生便担负着监督工作的使命。党的十一届三中全会恢复重建中央纪委，全会公报指出，"这是保障党的政治路线的贯彻执行的一个重要措施"，根本任务是"维护党规党法，切实搞好党风"。党中央深化国家监察体制这项重大政

---

* 任建华，时任山西省委常委、省纪委书记、省监委主任。

治体制改革，根本也在于加强党的领导、完善自我监督。按照党中央的制度安排，纪检监察机关既是党内监督专责机关，也是国家监察专责机关，因重视监督而产生，也因强化监督而发展。新时代纪检监察工作实现高质量发展的过程，必然是坚守和深化监督的过程。

监督是纪委监委全面履职的基础，丝毫不可削弱。党的十九大党章和宪法监察法规定，纪委职责是监督执纪问责，监委职责是监督调查处置。这是纪检监察机关职能职责和工作内容的重大拓展和深化。其中，监督处于基础性地位。离开监督，纪检监察工作便似无源之水。当前，监督检查和审查调查"前后台"分设，这对强化监督既是机遇也是挑战。战胜一个挑战，就会多出一份机遇。只有把监督挺在前面，防止单纯办案思想，防止监督和审查调查"一头轻一头重"，防止专责不专"回头转"，解决好监督的方式、手段、能力等问题，才能整体性提升纪检监察工作水平。

监督是推进全面从严治党的基点，始终不能动摇。党的十八大以来，全面从严治党取得卓著成效就是从监督破的题。从监督中央八项规定精神贯彻执行到运用"四种形态"监督执纪，从制定出台问责条例、党内监督条例到颁布施行监察法，从巡视、派驻全覆盖到国家监察全覆盖，党中央打出一整套强化自我监督的"组合拳"。新时代全面从严治党的路还长，但关键处往往就那么几步，党的十九大提出"构建党统一指挥、全面覆盖、权威高效的监督体系"就是关键一招。任务即职责，要求即使命。我们要坚定扛起管党治党政治责任，不松劲、不停步、再出发，坚定不移往前走、扎扎实实抓监督，努力夺取全面从严治党的更大战略性成果。

强化监督必须始终坚持稳中求进基本工作方针

习近平总书记准确把握大局大势，明确稳中求进工作总基调。这是我们必须始终坚持的基本工作方针。抓好监督要以"稳"为前提，把握好"时""度""效"，在防止公权力异化、变质、滥用上奋发有为。

始终把政治监督摆在突出位置。党内存在的各种问题，根本上都与政治建设软弱乏力、政治生活不严肃不健康有关；党内所有的政治问题，归根到底就是对党是否忠诚。我们要固守政治监督本质，把坚决维护习近平总书记党中央的核心、全党的核心地位，坚决维护党中央权威和集中统一领导作为根本政治任务落实好。"两个维护"是具体的，既要听其言，更要观其行。这就要求我们进一步增强政治能力，从政治高度去审视对党的十九大精神、党中央大政方针贯彻落实和党章党规执行情况，聚焦"七个有之"，着力发现并纠正自行其是、各自为政，有令不行、有禁不止，上有政策、下有对策，表态多调门高、行动少落实差等问题，坚决清除"两面派""两面人"。通过严肃政治纪律和组织纪律，带动廉洁纪律、群众纪律、工作纪律、生活纪律严起来。

强化监督推动主体责任的落实。主体责任是管党治党的"牛鼻子"。只有牢牢牵住"牛鼻子"，巩固发展全党动手一起抓的生动局面，才能从容应对依然严峻复杂的形势。当前，需要注意的是，有的压力传导层层递减，有的嘴上喊得震天响、实际工作没抓手，有的战斗精神不强、对违纪违法问题不敢抓不敢管。长此以往，主体责任就会虚化空转，党要管党、全面从严治党就会成为一句空话。为此，必须进一步加强对所辖地区和部门党组织履行主体责任的监督检查，通过实地调研了解、约谈党委书记、严肃追责问责等方式，一个地方一个地方掌握情况，一个问题一个问题督促整改，推动各级党委（党组）紧紧咬住"责任"二字，负责任地管党治党。

没有强有力的监督，审查调查和问责处置就没有基础。惩治是最严厉的监督。纪律不带电、监督不长牙，就很难有效果。伤其十指不如断其一指。监督的最好办法就是找出违纪违法的人和事，严厉惩治，形成震慑。我们要时刻保持清醒冷静和坚韧执着，紧盯党的十八大以来不收敛、不收手，问题线索反映集中、群众反映强烈，政治问题和经济问题交织的腐败案件，违反中央八项规定精神的问题，精准发现、精准惩处、精准施治，使监督与惩治同向同频，把实际效果体现在对"四风"特别是形式主义、官僚主义的遏制、纠正、防范上，体现在越来越多的党员干部不敢腐、不能腐、不想腐上，体现在干部群众获得感、满意度、正能量的持续提升上。

增强监督效能必须统筹运用好"四个全覆盖"力量

党中央一体推进纪检监察体制改革，形成纪律、监察、派驻、巡视"四个全覆盖"的权力监督格局，为强化监督提供了重要支撑。我们必须精准把握、精准运用，抓住关键、久久为功。

在盯紧关键少数上聚力。我们党历来讲究唯物辩证法，强调抓住主要矛盾和矛盾的主要方面。统筹运用监督力量不能搞大水漫灌，必须紧紧抓住领导干部这个"关键少数"，只有这样，监督才有震慑力和说服力。我们要盯好关键人、盯到关键处、盯住关键事、盯在关键时，督促各级领导干部自觉加强党性锻炼，切实树牢"四个意识"，把对党忠诚、为党分忧、为党尽职、为民造福作为根本政治担当，形成"头雁效应"。在一个班子中，一把手尤为重要，决定着一个地方或部门的政治生态，必须作为重点关注对象，让其感觉到"达摩克利斯之剑"时刻悬在头顶。

在强化日常监督上用劲。监督工作重在日常，贵在经常。各项监督都要寓于日常之中，抓早抓小、持续用力。抓好日常监督，重要的是注意平时积累、掌握鲜活材料，带上"望远镜""显微镜"，把干部想什么和做什么统一起来、工作圈和社交圈衔接起来、八小时之内和八小时之外贯通起来，形成"近水知鱼性，近山识鸟音"的效应；有效的是保持战斗意志、战斗精神，坚持思想教育、政策感化、纪法威慑相结合，在深化运用"四种形态"特别是第一种形态上下功夫，多点"婆婆嘴"，常念"紧箍咒"，多积尺寸之功；关键的是创新方式方法，通过信访受理、线索处置、约谈提醒、谈话函询、专项监督检查、提出监督监察建议、追责问责等，变被动为主动，实现日常监督近距离、全天候、常态化。

在协同高效运行上合拍。"四个全覆盖"各有侧重，又统一于党和国家的自我监督体系。纪委监委一体履行纪律监督和监察监督，既要从严从实、唤醒党章党规党纪意识，让党员干部知敬畏、存戒惧、守底线，又要实现对所有行使公权力的公职人员监督全覆盖，管住纪律管不到的空白地带。派驻监督作为纪委监委直接领导和授权的监督，必须坚持"两为主"不动摇，发挥"派"的权威和"驻"的优势，延伸日常监督触角。巡视监督是自上而下的组织监督，重在利剑高悬、发现问题、形成震慑，还要统筹运用纪律、监察、派驻监督，扎实做好巡视"后半篇文章"。通过建立权责清晰、衔接顺畅、协同高效的联动机制，确保监督工作落地见效。

习近平总书记指出，"我们党强调不敢腐、不能腐、不想腐，揭示了反腐防腐的基本规律"。我们要坚持从治标为主向标本兼治转变的重要方法论，既通过严厉惩处，强化不敢腐的震慑，也通过严密监督，扎牢不能腐的笼子、增强不想腐的自觉，把新时代纪检监察工作高质量发展体现在更高层次、更高水平上，保证党和国家事业一茬一茬、永续发展。

五、以政治建设为统领　做实做细监督职责 *

习近平总书记在党的十九大报告中提出要把全面从严治党的思路举措搞得更加科学、更加严密、更加有效，推动全面从严治党向纵深发展。十九届中央纪委三次全会要求一以贯之地贯彻落实全面从严治党的方针和要求，把握"稳"的内涵、强化"进"的措施，持续深化转职能、转方式、转作风，使各项工作思路举措更加科学、更加严密、更加有效。这为进一步深化派驻监督工作指明了方向。我们要认真贯彻落实中央纪委三次全会的部署要求，以政治建设为统领，做实做细派驻监督职责。

强化政治监督，保障中央重大决策部署贯彻落实

派驻纪检监察组代表中央纪委国家监委对各部门党组（党委）进行监督，履行的首先是政治监督职责。要通过监督继续压紧压实全面从严治党主体责任。习近平总书记在中央纪委三次全会重要讲话中强调，各级党委（党组）特别是书记要强化政治担当、履行主体责任，把每条战线、每个领域、每个环节的党建工作抓具体、抓深入。我们要紧密结合日常监督和调研工作，坚持把监督推动落实主体责任作为全部派驻监督工作的主要着力点，精准把握部门政治生态，突出问题导向、努力发现问题并督促整改。近两年我们注重加强与各综合监督部门党组进行专题沟通，就各部门落实全面从严治党、推

* 王宾宜，时任中央纪委国家监委驻科技部纪检监察组组长。

进党风廉政建设和反腐败工作等情况反馈意见建议，取得良好成效。下一步要坚决贯彻中央纪委三次全会要求，继续紧盯主体责任，推进层层落实，坚决防止"厌倦""懈怠""重业务、轻党建"倾向抬头。

坚决破除形式主义、官僚主义，保障中央科技创新重大决策部署贯彻落实。十九届中央纪委三次全会将破除形式主义、官僚主义作为一项重要任务做了专门部署，强调要强化对践行"四个意识"，贯彻党章和其他党内法规，执行党的路线方针政策和决议情况的监督，督促党员领导干部把"两个维护"落实在实际行动上，把党的十九大确定的蓝图和党中央一系列重大决策部署变为现实。驻科技部纪检监察组的五家综合监督部门均为科技领域对科技创新负有重要职责的部门。党的十九大以来，党中央审时度势，把科技工作摆在更加突出的位置，特别是面临中美贸易摩擦等新形势，中央对加快推进科技创新作出新的部署、提出新的更高要求，整治科技部门、科技领域的形式主义、官僚主义，确保中央科技创新重大决策部署落实、提升科技创新的质量和效率变得尤为迫切。我们必须聚焦中央科技创新重大决策部署加强监督检查，确保中央重大决策部署落到实处。

2018年以来，我们开展了学习贯彻党的十九大精神和党中央关于科技创新重大决策部署落实情况专题监督调研。聚焦科技领域"卡脖子"问题等党中央高度关注的问题，深入调研有关政策和决策部署落实情况，查找问题、提出监督建议。就集中整治形式主义、官僚主义制定专门工作方案，推动各综合监督部门突出问题导向，认真开展集中整治。特别是推动针对具有科技部门特点和科技领域特色的形式主义、官僚主义进行梳理排查，形成问题清单，研究制定转变学风作风、加强学术道德建设的整治措施，优化创新生态。

下一步，我们将加强对中央重大决策部署落实情况的监督检查，持续深化集中整治形式主义、官僚主义，严明政治纪律、政治规矩，推动各综合监督部门综合施治，健全相关制度，落实管党治党责任，紧盯对中央重大决策部署不敬畏、不在乎、喊口号、装样子的错误表现，严肃查处空泛表态、应景造势、敷衍塞责、出工不出力等突出问题。

落实改革部署，提高派驻监督全覆盖质量

十九届中央纪委三次全会强调要创新纪检监察体制机制，切实把制度优势转化为治理效能。全面落实中央深化派驻机构改革和监察体制改革精神和部署，是派驻机构提高派驻监督工作质量的基础。我们前期落实改革部署要求，研究制定了《驻科技部纪检监察组关于贯彻落实中央纪委国家监委派驻机构改革部署的实施意见》，明确任务分工和进度安排，推动各综合监督部门党组落实主体责任，共同推进改革。会同各部门党组研究制定了加强工作沟通和协调机制的实施办法。推动和协助各部门党组制定领导干部插手干预重大事项记录制度。在深入调研了解各综合监督部门监察对象具体情况并座谈征求意见的基础上，按全面摸底、精准甄别的原则制定工作方案，部署开展监察对象调查摸底工作。

下一步，我们将在深化落实上下功夫，进一步建立完善制度机制，自觉接受中央纪委国家监委的领导和统一管理，加强对各综合监督部门监督的同时强化工作沟通协调，形成同向发力、协作互动的工作格局，着力提高派驻监督全覆盖质量，推动各综合监督部门全面从严治党向纵深发展。

突出做实做细，加强日常监督长期监督

中央纪委三次全会强调监督是纪检监察机关的基本职责、第一职责，并对强化监督职责，使监督更加聚焦、更加精准、更加有力提出明确要求。派驻机构处在监督的第一线，代表上级纪委监委进行监督，是"不走的巡视组"，必须发挥好监督的"探头"作用。

在做实做细上下功夫。随着派驻机构改革和监察体制改革的深入，派驻机构同时履行纪检监察两项职责，监督的对象范围、监督的内容、监督的方式方法都在拓展和深化。中央纪委国家监委加强对派驻纪检监察组的领导和统一管理，工作联系更加密切，要求更加严格，指导更加具体细致。而随着

与各综合监督部门工作沟通协调机制的进一步建立完善，我们在履行监督责任/职责、推动主体责任落实等方面的工作也必须向做实做细的方向发展。总体要在四个方面做到做实做细：在精准把握政治生态、发挥好监督"探头"作用上要做实做细，进一步实现精准监督、有效监督；制度机制建设要做实做细，做到全面系统、严谨规范、可操作性强；工作谋划部署要做实做细，结合派驻纪检监察组工作实际，把党中央、中央纪委国家监委部署要求落细落实；抓落实要做实做细，把握时间节点和进度安排，坚持高标准、严要求，坚持问题导向和目标导向，把工作落到实处、抓出成效。

在探索创新上下功夫。十九届中央纪委三次全会对改革开放40年来纪检监察工作取得的重要经验进行了总结，指出伴随改革开放的深入推进，伴随中国特色社会主义道路的形成和发展，纪检监察工作的理念思路、体制机制、方式方法不断创新，强调要保持开拓进取的精神。我们在履行派驻监督职责中不断加强机制方法的创新，近年来围绕更好履行政治监督职责，积极探索以监督调研工作为抓手，突出政治监督属性，突出问题导向，将政治监督工作落到实处。下一步，我们将继续保持创新的精神、改革的意识，根据中央纪委三次全会的要求、所指出的方向，按照深化纪检监察体制改革的部署，主动应对新形势新任务新问题，重点在加强政治监督、做实日常监督、长期监督等方面加大探索实践力度，做到严格监督、科学监督、精准监督、有效监督。

六、强化监督职能　提升治理能力 *

　　党的十九届四中全会提出"深化纪检监察体制改革，加强上级纪委监委对下级纪委监委的领导，推进纪检监察工作规范化、法治化"，这是坚持和完善党和国家监督体系的重要基础，是强化权力运行制约和监督的重要保障。纪检监察机关必须把思想和行动坚决统一到党中央的决策部署上来，立足充分发挥监督保障执行和促进完善发展作用，以一体推进"三项改革"为统领，全面强化纪检监察机关监督职能，不断提升反腐败治理体系和治理能力现代化水平。

　　坚持统分结合，夯实监督基础。现阶段纪委监委内设机构大的调整虽然基本到位，但一些基础性的监督功能与治理体系和治理能力现代化要求还有差距。要按照四中全会的决策部署，探索实践横向上推动"四个监督"全覆盖，纵向上推动"两个责任"贯穿到底的制度机制和方法途径，实现资源配置和监督效能最大化。要深入推进监审分离，厘清职责边界，做强综合部门，做精专业部门，做足监督功夫。2019 年，内蒙古自治区纪委监委在全系统开展"高质量办案年"活动，探索实行初步核实和审查调查"模块化"办案、组团办案、指定办案工作机制，大大提高了线索处置的监督效能。2020 年，将在全系统开展"精准监督年"活动，建立完善精准监督制度机制，巩固监察职能向各类功能区和苏木乡镇延伸试点成果，强化区直国企、金融企业和高校纪检监察组派驻监督功能，破除垂直管理单位纪检监察体制机制障碍，健全派驻机构与地方纪委监委协作机制，进一步夯实监督工作基础。

---

* 刘奇凡，内蒙古自治区党委常委、纪委书记、监委主任。

坚持创新格局，强化信息支持。坚持和完善党和国家监督体系，推进反腐败治理体系和治理能力现代化是一项系统性工程，必须树立与时俱进的工作理念，建立与时代同步的监督支撑体系。在高速发展、日新月异的大数据时代，纪检监察工作面临的新情况新问题层出不穷、复杂多变，善于运用信息化、大数据手段，才能不断开辟监督新渠道、开创工作新格局。2019年，内蒙古自治区纪委监委在全系统深入开展"大数据应用年"活动，组建纪检监察大数据中心，探索建立了由1个"检举举报平台"+"执纪监察、信息查询、民生监督、廉政档案、挂图作战、安全监管、巡视巡察、宣传推送、机关管理"9个系统+1个"纪检监察大数据实验室"组成的智慧反腐体系，整合多个部门单位相关数据，采取多种方式打通数据接口；建成了覆盖全区28万名党员干部的廉政档案系统，廉政意见回复"一键生成"，积极推动信息化、大数据与纪检监察工作深度融合，产生了强大的数据监督效能。

坚持系统集成，发挥保障功能。"三项改革"在为纪检监察工作注入强大动力的同时，也对监督检查和审查调查综合保障提出了新的更高的标准和要求。职能的拓展和强化，意味着保障也要做到系统化、集成化、协同化，与纪检监察主责主业步调一致、同向发力。2019年以来，内蒙古自治区纪委监委坚持以"培养专业人才＋提升综合素质"为核心抓好人才保障，以"大数据＋信息化"为载体加强科技保障，以"硬件＋软件"为依托升级后勤保障，重点打造了大数据分析和谈话突破"两支精兵"，组织开发了留置场所管理、专案综合管理等技术保障系统，进一步加强办案业务保障用房建设。同时，成立自治区纪委监委融媒体中心，打造了集新闻宣传、舆情信息、教育预防于一体的立体宣教平台。2019年，全区共立案11144件，给予党纪政务处分10801人，涉嫌犯罪移送检察机关660人，自治区纪委监委立案审查调查涉及厅局级干部案件72件，改革的制度优势不断显现，治理效能不断提升。

七、发挥监督全覆盖制度优势
做实做细监督第一职责 *

　　治理国家，制度是起根本性、全局性、长远性作用的。党的十九届四中全会从党和国家事业发展的全局和长远出发，准确把握我国国家制度和国家治理体系的演进方向和规律，深刻回答了"坚持和巩固什么、完善和发展什么"这个重大政治问题，既阐明了必须牢牢坚持的重大制度和原则，又部署了推进制度建设的重大任务和举措，是一次划时代的总体擘画，必将对推动各方面制度更加成熟更加定型、把我国制度优势更好转化为国家治理效能产生重大而深远的影响。

　　党的十九届四中全会对于纪检监察工作有着特殊意义和重要要求，为新时代纪检监察工作高质量发展进一步指明了方向、提供了遵循。纪检监察机关学习贯彻党的十九届四中全会精神，要切实把思想和行动统一到四中全会精神上来，充分发挥监督全覆盖的制度优势，进一步做实做细监督基本职责、第一职责，以有力有效的监督，确保中国特色社会主义制度不折不扣得到贯彻落实。

提高思想认识，深刻理解纪检监察监督在坚持和
完善中国特色社会主义制度中的重要作用

　　党的十九届四中全会通过的《中共中央关于坚持和完善中国特色社会主

＊　王雁飞，四川省委常委、省纪委书记、省监委主任。

义制度　推进国家治理体系和治理能力现代化若干重大问题的决定》（以下简称《决定》），通篇对纪检监察机关都具有重要指导意义，特别是将"坚持和完善党和国家监督体系，强化对权力运行的制约和监督"专列为第十四部分作出系统部署，充分体现了党中央将监督工作、反腐败工作纳入国家制度和国家治理体系的战略考量，体现了党中央依规治党、依法治国和对新时代纪检监察工作的高度重视及深切重托。

国家治理的关键是治权，治权离不开监督。没有监督，治理就无从谈起，决策和执行也无从保障。纪检监察监督是党和国家监督体系的重要组成部分。经过党的十八大以来的不懈努力，我们初步构建起纪律监督、监察监督、派驻监督、巡视监督"四项监督"全覆盖的格局，党和国家监督体系也日益完善，但"有形覆盖"还未实现"有效覆盖"。纪检监察监督短板在监督，突破口和着力点也在监督。党的十九届四中全会对"坚持和完善党和国家监督体系"作出专门部署，对于纪检监察机关而言既是明方向，也是补短板，必须在做实做细监督职责上下功夫，充分发挥监督保障执行、促进完善发展作用，更好地将制度优势转化为治理效能。

突出政治监督，督促党员干部做到"两个维护"

党的领导是中国特色社会主义的最本质特征，是中国特色社会主义制度的最大优势，是党和国家事业发展的"定海神针"，是国家的根本领导制度。党的十九届四中全会突出党的领导制度体系在国家制度和治理体系中的统领地位，着重强调了坚持和加强党的全面领导、做到"两个维护"的要求。纪检监察机关是政治机关，执行的是政治任务，践行的是政治责任，考验的是政治能力。坚持党的领导这个根本制度，最根本最核心的是全党要切实增强"四个意识"、坚定"四个自信"、做到"两个维护"。

纪检监察机关在"两个维护"上承担着重大政治责任。要紧扣中国特色社会主义根本制度、基本制度、重要制度开展监督检查，紧扣党的路线方针政策和决议执行情况开展监督检查，紧扣本区域、本单位、本系统的治理开展监督检查，使党和国家各方面的制度优势充分发挥、治理效能充分彰显。要坚持党中央决策部署到哪里，监督检查就跟进到哪里，切实提高政治站位，增强政治敏锐性和政治鉴别力，透过现象看本质、看清业务背后的政治，围绕打赢三大攻坚战等党中央重大决策部署和习近平总书记重要指示批示精神贯彻落实情况开展政治监督，监督执纪问责和监督调查处置首先从政治高度分析、从政治纪律查起、从政治效果考虑，把严明政治纪律和政治规矩落实到具体人、具体事，以精准的政治监督全力捍卫"两个维护"，确保政令畅通、落地生根。

做实日常监督，强化对权力运行的制约和监督

习近平总书记在四中全会上强调："必须强化制度执行力，加强对制度执行的监督。"制度的生命力在于执行，再好的制度离开了人的执行都等于零。制度执行力是治理能力的重要组成部分，制度执行越有力，治理能力就越有效，制度优势就越能转化为治理效能。党内法规是党的纪律的主要载体，国家法律是党领导人民制定的，还有党在长期实践中形成的优良传统和工作惯例，都是党员、干部必须遵守的规矩，都是中国特色社会主义制度的重要组成部分。违纪违法行为就是对制度的践踏，背后是制度意识的缺失，严重阻碍国家治理体系和治理能力现代化进程。

纪检监察机关要坚持定位向监督聚焦、责任向监督压实、力量向监督倾斜，把监督寓于日常、严在经常，以经常性监督确保权力在正确轨道内运行。重点强化对"关键少数"尤其是一把手的监督，紧盯行权轨迹、行权方式，督促其正确对待监督、带头接受监督。重点关注权力集中、资金密集、资源富集的部门和行业，认真研究腐败易发多发的关键点位，有针对性地开展日常监督。改进日常监督方式，贯通运用信访受理、线索处置、约谈提醒、谈话函询和参加民主生活会等多种方式，既督促党员干部正确用权，又推动相关单位堵塞制度漏洞、开展警示教育。

凝聚监督合力，构建全覆盖的制度执行监督机制

党的十九届四中全会《决定》强调："以党内监督为主导，推动各类监督有机贯通、相互协调。"我们党长期执政，时刻面临被腐蚀的风险，解决这个问题根本上要靠党的自我革命。在党和国家监督体系中，党内监督是第一位的、主导性的，国家监察是党内监督的延伸和拓展，二者具有高度内在的一致性和互补性。坚持和完善党和国家监督体系是个系统工程，必须在党中央集中统一领导下，既要推进纪律监督、监察监督、派驻监督、巡视监督统筹衔接，又要健全人大监督、民主监督、行政监督、司法监督、群众监督、舆论监督制度，发挥审计监督、统计监督职能作用，使监督体系更加科学、严密、有效。

充分认识党委主体责任中内含监督、纪委监督责任中包含对主体责任落实情况监督的关系，认真履行协助党委推进全面从严治党的责任，持续压紧压实主体责任，使主体责任、监督责任贯通协同、形成合力。一体推进纪检监察"三项改革"，健全监督检查与审查调查、派驻派出、巡视巡察等部门、机构在信息共享、资源整合、力量统筹等方面的协作联络机制，打通"四项监督"的"最后一公里"，做到既分工有序又优势互补。落实纪检监察机关与组织、审计、财政、司法、发改等部门的问题线索移交机制，定期召开会议，常态化移交问题线索，确保党纪国法时时生威、处处有效。

带头执行制度，以制度建设保障队伍建设

党的十九届四中全会要求各级领导干部切实强化制度意识，带头维护制度权威，做制度执行的表率。打铁必须自身硬。要求别人做到的，我们首先做到；要求别人不做的，我们首先不能做。落实到工作中就是要把实事求是贯穿于工作全过程，严格依规依纪依法开展工作，按照法定权限、规则、程序办事，严防不作为和乱作为两大风险。要清醒地认识到，超越职权乱作

为，可能会发现一些问题，但滥用职权本身带来的危害比发现的问题严重得多。不依规依纪依法就是违规违纪违法，没有"中间地带"。

要加强纪委常委会自身建设，带头坚定制度自信、维护制度权威，严格执行民主集中制，发挥带动示范作用。完善纪委内部权力运行机制和管理监督制约体系，对班子成员、室主任等关键岗位严密制度防范、经常敲打提醒，管住问题线索处置、审查调查等核心权力，确保纪检监察干部始终按照制度履职尽责、行使权力。要持续深化内部督察，对执纪违纪、执法违法者零容忍，严防"灯下黑"。要持续开展全员实务培训，强化纪检监察干部运用制度能力，促进严格规范公正文明执纪执法，不断提高纪检监察机关治理能力。

八、坚定制度自信　扛牢监督责任 *

　　习近平总书记在党的十九届四中全会上深刻阐述了坚持和完善中国特色社会主义制度、推进国家治理体系和治理能力现代化的重要性和紧迫性，围绕坚定制度自信回答了一系列方向性、根本性、全局性重大问题，进一步坚定了我们对中国特色社会主义制度的信心。广东省纪检监察干部要把学习贯彻四中全会精神和学习贯彻习近平新时代中国特色社会主义思想贯通起来，确保认识高得上去、行动落得下来，满怀制度自信、扛牢监督责任，为贯彻落实四中全会部署任务，实现"四个走在全国前列"、当好"两个重要窗口"提供坚强保证。

提高政治站位，坚定制度自信

　　制度自信本质上是对我们党治国理政的政治自信。四中全会发出了坚持和完善中国特色社会主义制度、推进国家治理体系和治理能力现代化的时代强音，体现了坚持和完善的辩证统一，将推动科学社会主义从理论形态、实践形态、社会形态演进到制度形态，为我们党和国家继续创造新奇迹、跳出历史周期率打下坚实的制度基础，使我们进一步坚定必胜信心，激发奋斗豪情。党的十八大以来全面从严治党的卓著成效充分证明，我们党自我净化的机制是有效管用的。纪检监察干部要深学细悟四中全会精神，提高政治站

---

　　* 施克辉，广东省委常委、省纪委书记、省监委主任。

位，领悟制度背后的定力、担当和情怀，不断坚定制度自信。

保持政治定力。中国共产党领导是中国特色社会主义最本质的特征，是中国特色社会主义制度的最大优势。正是有了党的领导，我们国家才从曾经的积贫积弱、一盘散沙，到如今拧成一股绳，创造了"两大奇迹"，汇聚成改天换地的磅礴伟力。面对当今世界百年未有之大变局，中国共产党人的斗争必须有方向、有立场、有原则，其中最大的方向、立场和原则，就是坚持中国共产党领导和中国特色社会主义制度不动摇。纪检监察机关作为管党治党的政治机关，必须把坚持党的领导作为立身之本、履职之要，深悟中国特色社会主义制度背后的政治逻辑，始终把"两个维护"作为根本任务，确保党的领导地位坚如磐石，确保中国特色社会主义制度行稳致远。

饱含人民情怀。我们党自成立之日起，就把人民放在心中的最高位置，在近百年奋斗历程中，不断把实践经验提炼为制度，又以制度承载初心、践行使命。四中全会总结的我国国家制度和国家治理体系的 13 个方面显著优势、部署的 13 个方面重点工作任务，无不折射出我们党以人民为中心的发展思想和价值理念。纪检监察机关要始终饱含深切的人民情怀，在漠视侵害群众利益问题面前绝不能态度暧昧、立场摇摆。要用好纪法"两把尺子"，"打虎""拍蝇""猎狐"多管齐下，精准有力惩治腐败，充分彰显制度优势，不断厚植党的执政根基。

适应时代要求。四中全会第一次系统描绘了中国特色社会主义制度的图谱。这一图谱体现我们党以"良法"谋"善治"的执政理念，体现与时俱进的治国方略，体现以制度威力战胜风险挑战、实现国家长治久安的深谋远虑，是制度自信最鲜明的时代表达。纪检监察机关要深刻把握我国发展要求和时代潮流，把制度建设和治理能力建设摆到更加突出的位置，严格依规依纪依法，推进反腐败工作规范化、法治化，把制度优势转化为治理效能。

不负殷切期望。我们党积极探索适合我国国情、符合时代特点的中国特色社会主义制度并取得巨大成功，这在世界上是独一无二的；顽强探索自我净化的体制机制，推动组织制度创新，用制度解决自身存在的问题并取得卓著成效，这在世界上也是独一无二的。四中全会将监督工作、反腐败工作纳入国家制度和国家治理体系，作出了顶层设计，体现了我们党坚守初心使命、勇于自我革命的高度自觉，对纪检监察工作寄予了殷切期望。纪检监察机关要发扬斗争精神，勇挑历史重任，把职责使命摆进去，自觉把四中全会的部署要求转化为推动新时代纪检监察工作高质量发展的理念思路、制度机制和治理实践。

扛牢监督责任，强化制度执行

把制度优势转化为治理效能，贵在制度执行，难也在制度执行。纪检监察机关要切实聚焦监督基本职责、第一职责，发挥党内监督、监察监督在管党治党、治国理政中的保障和促进作用。

坚持政治思维和法治思维相统一。严格执行监督执纪工作规则和监督执法工作规定，在信访举报、线索处置、监督检查、审查调查、案件审理等工作中始终坚持依规依纪依法，确保每一宗案件都经得起实践、人民和历史的检验。树立政治思维，始终从政治上来观察和处理问题，把监督执纪执法的过程作为增强党的凝聚力和战斗力的具体实践。加强对贯彻落实四中全会精神的监督检查，坚决杜绝制度执行上做选择、搞变通、打折扣的现象。深化运用监督执纪"四种形态"，紧密结合地方实际，总结运用好监督执纪"七个看"，即看违纪情节、看危害程度、看时间节点、看动机原因、看认错态度、看一贯表现、看群众口碑，做到综合考量、精准把握。念好问责"严、准、适、通、扩、用"六字诀：做到态度要严，失责必问；事实清楚，定性准确；处理恰当，分寸适度；加强教育，做通思想；扩展效果，举一反三；正确对待被问责的干部，对影响期满、表现好的干部，符合条件的，该用的要用起来。通过实践探索，把思想理论的科学性、政策策略的灵活性、党纪国法的严肃性和具体实践的丰富性结合起来，实现良好的政治效果、纪法效果、社会效果。

坚持监督有力和监督有效相统一。四中全会《决定》提出要"形成决策科学、执行坚决、监督有力的权力运行机制"，强调要"增强监督严肃性、协同性、有效性"。对纪检监察干部来说，既要敢于担当、勇于斗争，在日常监督中敢于指出问题，勇于开展批评，持续保持正风肃纪反腐高压态势，用鲜明的态度体现力度；又要善于担当，把握监督规律，不断做实做细监督职责。监督检查眼睛要亮，攻坚克难方法要对，对下指导作风要实，坚决防止"走到田头的形式主义"。特别要通过抓具体、抓典型，体现以小见大、以事见人，做到主动监督、精准监督，用实实在在的成果体现效果。

坚持专项整治和日常发力相统一。对一定时期出现的突出问题开展专项整治，是我们党整顿作风、治国理政的一条重要经验，体现了抓住主要矛盾、实现以点带面的重要方法论。要深入贯彻落实党中央部署，扛牢牵头和监督责任，持续整治扶贫领域腐败和作风问题，严查涉黑涉恶腐败和"保护伞"，开展专项整治漠视侵害群众利益问题工作，落实好省委基层正风反腐三年行动方案。实现国家治理体系和治理能力现代化，关键要在常态化监督上下功夫。要针对专项治理中发现的过去"宽松软"环境下造成的"历史欠账"问题，牢固树立常态监督、及时纠偏、一抓到底的理念，立足日常发力，切实把监督挺在前面，把问题解决在萌芽状态，防止产生新的问题。

坚持抓"关键少数"和带好绝大多数相统一。按照四中全会部署要求，重点加强对各级主要领导干部的监督，努力破解一把手监督难题。深入落实广东省委关于加强对各级党组织一把手监督的意见，坚持处置线索重点盯住一把手、日常监督重点聚焦一把手、廉政提醒重点跟进一把手、巡视巡察重点突出一把手、警示教育重点针对一把手、撬动主体责任重点做实一把手。积极探索委托党组织一把手开展提醒谈话的方式，完善一把手述责述廉制度，充分运用约谈函询、民主生活会督导、专项检查、处分执行情况回访等方式压实一把手主体责任，发挥"关键少数"在关键岗位的关键作用，督促"关键少数"管住绝大多数、带好绝大多数。

坚持不敢腐、不能腐、不想腐相统一。用系统思维、辩证思维构建一体推进不敢腐、不能腐、不想腐体制机制，坚持协调推进、同向发力。坚定不移推进反腐败斗争，对党的十八大以来不收敛、不收手，严重阻碍党的路线方针政策贯彻执行、成为全面从严治党障碍的腐败问题优先查处，以零容忍态度遏制增量。完善问题线索集体研判机制，整合监督检查、审查调查部门和派驻机构力量，以更大力度、突出重点削减存量。深化标本兼治，坚持以案为鉴、以案促改，增强纪检监察建议的针对性和实效性，做好审查调查、巡视巡察的"后半篇文章"。加强思想道德和党纪国法教育，继续办好全省领导干部党章党规党纪教育培训班，挖掘用好广东红色资源，弘扬党的优良传统，加强领导干部家风建设，筑牢不想腐的思想基础。

坚持监督别人和自我监督相统一。"监督有力"的外在保障是党章和宪法的授权、双重领导体制，内在支撑是纪检监察队伍自身的人格力量、道德力量、自律力量。信任愈高，期望更高；自身不正，无以正人。凡是要求广大党员干部做到的，纪检监察机关都要首先做到，领导班子成员更要带头做到。这既是纪检监察干部安身立命、安全成长的需要，更是提高政治觉悟、履行政治责任的必然要求。要坚持既干成几件事、又带出一拨人，把对干部教育、管理、监督的责任落实到领导干部、落实到支部书记，靠人格带、靠能力带、靠制度带，努力打造忠诚干净担当的纪检监察铁军。

九、坚持严管和厚爱结合、激励和约束并重 *

严是爱、松是害，严管才是厚爱。坚持严管和厚爱结合、激励和约束并重，是党的十九大提出的一条重要原则，也是我们党干部管理的一贯方针。纪检监察机关是政治机关，必须把党管理干部的重要经验和优良传统作为严肃政治的要求，具体化地体现落实到监督执纪问责和监督调查处置的每一个环节，坚持惩前毖后、治病救人，对党员干部既严格教育、严格管理、严格监督，又在政治上、思想上真诚关爱，做到纪法约束有硬度、批评教育有力度、组织关怀有温度，增强广大党员干部的归属感、荣誉感、使命感，确保其想干事、敢干事，干成事、不出事。

在纪检监察工作中突出政治的考量，以政治效果检验政治能力。纪检监察是政治工作、做人的工作，监督执纪执法既是严肃的、刚硬的，又是有温度、有柔性的。干部是党的宝贵财富，纪检监察机关就是干部的政治"4S"店，纪检监察工作就是给党员干部作"政治体检"，打"政治疫苗"，送政治关怀。让广大党员干部健康成长，这是组织向党员干部派发的"政治福利"。因此，我们在监督执纪问责和监督调查处置的各个环节，都要有政治的考量和把握，"霹雳手段"和"菩萨心肠"相结合，实现政治、纪法、社会效果的统一。要有辩证的思想，严管就是厚爱。严管与厚爱、激励与约束，两者相辅相成、辩证统一。严管是激励的基础、前提，激励是严管的出发点、落脚点。实践证明，好干部是严格管理监督出来的，也是真诚关爱成长起来的。要有系统的观念，不敢腐、不能腐、不想腐一体化推进。在监督执纪执

---

* 冯志礼，云南省委常委、省纪委书记、时任省监委代理主任。

法中，树立全面、整体的观点，标本兼治，综合施策。比如，在干部成长当中，如何发挥教育的基础作用，让他经得起诱惑；干部的违纪违法又往往经历了一个从量变到质变的演变发展，在此过程中，如何及时发现苗头、拉上一把，这都是纪检监察机关的职责。浇花要浇在根子上。要做足查办案件的"后半篇文章"，把干部违纪违法的多重因素找出来，把干部成长轨迹中的病灶挖出来，推动制度化、机制化建设，做到惩治同向、同步、同进，以监督促监管，避免"牛栏关猫"。要有精准的思维，把实事求是作为工作的生命线。纪检监察工作是"细活"，必须有"工匠"的精神，严谨细致、精益求精，坚持实事求是，依规依纪依法，把个案的"上下游""左右岸"有机联系起来，系统地分析研究，确保证据确凿、定性准确，对干部的政治生命负责。绝不能马马虎虎、粗枝大叶、随意放大或缩小，防止畸轻畸重、"草菅人命"。

强化监督第一职责，补齐监督短板，在严格的监督中体现真诚的关爱。纪委监委的第一职责在于监督，这是撬动其他工作的杠杆，然而在实际工作中，第一职责却成了"第一短板"。加强对干部的监督，既是对干部的严格要求，也是对干部的关心、爱护、保护。监督工作一定要有抓手、有力度、有效果，监督要"带电""长牙齿"。突出政治监督，坚持从政治上发现、纠正和处置问题。加强对学习贯彻习近平新时代中国特色社会主义思想和党的十九大精神、执行党章党规党纪和宪法法律法规、落实中央八项规定精神等情况的监督检查，把"两个维护"落实到执纪审查、调查处置等具体工作中，督促广大党员干部旗帜鲜明地讲政治。把功夫用在平时，实现常态化、近距离、可视化的日常监督。把纪律挺在前面，把握运用"四种形态"，加强日常监督管理，发现苗头性、倾向性问题，及时咬耳扯袖、红脸出汗。打造纪律高地与建设精神家园相结合，推进政治关爱式谈话。对党员干部在党性党风党纪方面存在的苗头性、倾向性问题和其他一般性问题，开展政治关爱式谈话，通过组织谈话对象学习党章、重温入党誓词和其入党志愿书，唤醒初心，使谈话和学习成为提升谈话对象党性修养的过程，成为党员干部政治生命中的一个具有政治纪念意义的"政治驿站"。变"函询"为"面询"，变监督由"背靠背"到"面对面"。创新纪委监委监督室的工作方式，监督力量下沉，到一线开展"蹲点式"调研，由过去的被动式接收问题线索到主动走出去开展监督，由"背靠背"到"面对面"，提高面见率、面谈率，通过会议、约谈、走访等多种方式，深入发现问题，当面对干部进行提醒和教育。确保"源头活水"，树立正向激励风向标。综合把握信访举报、监督检查、巡视巡察情况，做好廉洁意见回复，把好干部人选的政治关、廉洁关、形象关，防止"带病提拔"。认真贯彻执行中央《关于进一步激励广大干部新时代新担当新作为的意见》，建立健全容错纠错机制，全面落实"三个区分开来"，注重加强对干部的保护力度。在审查调查中坚持对歪曲事实、蓄意打击的信访举报在一定范围内澄清事实，保护干部干事创业积极性。用好问责利器，以问责促尽责、负责。坚持有权必有责、有责要担当、失责必追究，督促各级党组织和领导干部落实管党治党政治责任，全面把握本地本部门政治生态状况，既见物又见人，既管事又管思想管作风。

有腐必反、有贪必肃，始终保持惩治腐败高压态势，坚决清除政治污染底泥和污染因子。厚爱不是溺爱，激励不是纵容，绝不能拿关爱、容错、激励当"保护伞"，搞纪律松绑、作风减压。落实稳中求进总基调，以"稳"为基调、为大局，以"进"为方向、为目标，深入推进反腐败斗争。"稳"，不是踱方步、放慢脚步，而是体现在两个方面：首先是保持高压态势的稳，是反腐败斗争压倒性态势已经形成并巩固发展的稳，工作上不能出现大起大落，工作节奏上不能快慢失衡；其次是通过我们的监督执纪问责和监督调查处置，深入推进反腐败斗争，来保障地方经济社会发展大局的稳。"进"，则是要有方向、有目标、有路径、有要求，紧紧围绕党中央的决策部署，结合地方实际，深入思考，积极探索，体现各地纪检监察工作的鲜明辨识度。加大审查调查力度，持续强化不敢腐的震慑效应。把高压反腐、坚决清除政治生态中的污染底泥和污染因子，作为反腐败的杀手锏，围绕政治生态修复、净化和建设，抓住关键，盯紧重点对象。第一类是违反政治纪律和政治规矩的，破坏地方政治生态的，对党不忠诚不老实、阳奉阴违的"两面人"；第二类是党的十八大、十九大后仍然不收敛不收手的，群众反映比较突出的；第三类是"关键少数"。要把对政治生态影响最大、破坏最严重的"烂树"精准拔出，确保政治生态"树木"常青、"森林"常绿。

言传不如身教，身正则不令而行，纪检监察机关必须做到自身正、自身硬。建设一支忠诚、干净、担当的党内"纪律部队",是以习近平同志为核心的党中央对纪检监察机关一以贯之的要求。"纪律部队"建设,也是一个大浪淘沙的过程。当前,随着监察体制改革的推进,纪检监察机关的任务更重、挑战更多,必须坚持严管才是厚爱,以更高更严的标准抓好纪检监察干部教育管理。加强纪检监察系统政治生态建设,坚决防止"灯下黑"。严格执行纪检监察机关审查调查人员回避规定、工作轮换轮岗等要求,从制度上解决好"以案谋私"的问题。敢于刀刃向内,勇于自我革命,坚决清理门户,对违纪违法的严肃查处,对失职失责的严肃问责。加强工作流程再造,推进组织、机制、制度创新。适应形势和任务的变化,推进工作流程优化,实现扁平化管理,纪委常委带头坚持一线工作法,既是指挥员,又当战斗员,团结带领纪检监察干部聚焦主责主业,更加科学、更加严密、更加有效地做好纪检监察工作,不负党和人民的信任和激励。同时,要关爱纪检监察干部,注重激发干部活力、战斗精神的养成,确保纪检监察干部在风清气正政治生态的构建净化过程中成熟、成长,确保每个同志都不掉队。

第三部分
精准执纪执法

一、促进执纪执法贯通有效衔接司法[*]

依规依纪依法是新时代纪检监察工作的鲜明特点。2019 年 1 月 1 日,《中国共产党纪律检查机关监督执纪工作规则》(以下简称《规则》)施行,7 月,中央纪委国家监委又印发《监察机关监督执法工作规定》(以下简称《规定》),为深化纪检监察体制改革、确保纪检监察机关依规依纪依法履职作出重要制度安排,是推进纪法贯通、法法衔接的重要法规。当前,纪检监察机关必须把学习贯彻《规则》《规定》作为深化"不忘初心、牢记使命"主题教育的重要内容,在经常性对照检视、改进提高中,严格按照规定的权限、规则和程序开展工作,促进执纪执法贯通、有效衔接司法,推动监督执纪执法工作高质量发展。

在思想认识上贯通衔接,树立双施双守理念

一切认识都来自实践,并用于指导实践。党的十八大以来,随着全面从严治党和反腐败斗争的逐步深入,纪检监察工作已从过去的纪法不分,转变到纪法分开、纪在法前、纪严于法,进而发展到纪法贯通、法法衔接的新阶段。《规则》《规定》源于正风肃纪反腐实践,以制度形式固化了先进的执纪理念、全新的执法思维,对新时代监督执纪执法在认识上实现了新进步、达到了新高度。《规则》着重强调纪法贯通,要求纪检监察机关既要以党章党规党纪为依据开展纪律审查,又要以宪法、监察法等法律法规

---

* 陶治国,吉林省委常委、省纪委书记、省监委主任。

为依据开展监察调查，实现依纪监督和依法监察、适用纪律和适用法律的融合贯通；《规定》着重强调法法衔接，要求在事实认定、程序环节、法律适用上符合法律法规要求，与以审判为中心的刑事诉讼制度改革相协调，实现监察法和刑事诉讼法、刑法等国家法律衔接。纪检监察机关必须深刻理解和把握《规则》《规定》中贯穿的这些原则性要求，更加充分地认识到执纪执法如同硬币的一体两面，坚决转变过去重纪轻法或重法轻纪的单一性思维，牢固树立纪法双施双守的交互性工作理念，既注重运用政治思维、纪律思维开展工作，又切实增强法治意识和法治思维，并在实践运用中将两种思维交互融合、化为一体，为推进纪法贯通、法法衔接奠定坚实的思想基础。

在体制机制上贯通衔接，推动纪法一体运行

体制机制创新是推动高质量发展的不竭动力。监察体制改革后，纪检监察机关"两个为主"的领导体制、合署办公监督体制的优势得到充分发挥。《规则》《规定》把纪委监委合署办公要求具体落实到监督执纪执法实践中，为形成统一决策、一体运行的工作机制提供了制度支撑。《规则》在总则中明确"全面贯彻纪律检查委员会和监察委员会合署办公要求"，在领导体制中规定"把执纪和执法贯通起来，实现党内监督和国家监察的有机统一"；《规定》也要求监察机关发挥合署办公优势，促进执纪执法贯通，实现领导体制和工作机制等方面的有机融合。贯彻《规则》《规定》这些方面的新要求，必须从各个方面加强监督执纪执法一体运行机制建设。要推进审查调查一体化，实现对党员监察对象同时存在涉嫌违纪、职务违法和职务犯罪问题履行一套程序，一体进行审查调查，确保执纪审查与依法调查有序衔接、相互贯通、同向发力；要推进纪法审理一体化，对个案涉及的违纪、违法问题同步审理，实行一案一卷、一人专办、一并提交审批，体现集中统一领导；要推进监督办案一体化，以职能分离、机构分设为基础，以工作对接、协调运转为前提，以精准处置问题线索、贯通运用"四种形态"为主线，以强化统一

指挥调度为保证，建立监督执纪与审查调查前后台分工协作、一体推进监督办案的新模式，实现力量使用和工作效能最大化。

在规章制度上贯通衔接，规范纪检监察权力

党的十八大后，习近平总书记提出"纪委监督别人，谁来监督纪委"这个重要问题。制定《规则》《规定》，其初衷在于回答总书记之问，给纪检监察机关定制度、立规矩，从而确保监督执纪执法权力得到正确行使。就推进纪法贯通、法法衔接来讲，贯通中有制约，衔接中有监督，监督制约权力是推进贯通衔接的题中应有之义。纪检监察机关要通过贯彻落实《规则》《规定》，严密内控机制、严格工作流程、规范权力边界，更好发挥制度规范的约束作用，有效避免因执纪执法权力滥用而损害党的形象、透支党的信用，甚至对党的整个制度安排造成影响。一方面，开展日常监督、谈话函询、初步核实、立案审查调查、措施使用、案件审理、移送起诉，以及纪检监察机关与司法机关、执法部门协作配合过程中涉及的执纪执法职责职权、程序要求、审批权限、文书手续等，都要服从并服务于《规则》《规定》对监督执纪执法工作的程序规范。另一方面，纪检监察机关各类实体性、程序性指导意见、工作办法和规章制度，必须在《规则》《规定》的框架下制定。要与正在开展的"不忘初心、牢记使命"主题教育结合起来，对标对表《规则》《规定》，对照检查梳理本地区本部门制定的相关制度规定，对不符合《规则》《规定》要求和精神的及时予以修改，强化监督制约，防范风险隐患，防止滥用权力、以权谋私，防止选择性监督、随意执纪执法、任性问责处置，保证权力在正确的轨道上运行。

在工作标准上贯通衔接，提升执法办案质量

深化监察体制改革，对纪检监察机关审查调查尤其是执法调查工作提

出了更高标准。《规定》明确提出，要有效衔接司法，在事实认定、程序环节、法律适用上符合法律法规的标准和要求，与以审判为中心的刑事诉讼制度改革相协调。贯彻落实这方面要求，既要打通纪检监察机关与检察机关上下游间的衔接渠道，又要着力强化执法办案质量，确保经得起检察机关和审判机关的审查。要坚守依法取证"红线"，严格依规依纪依法收集、鉴别证据，避免出现非法证据被排除的问题。注重依法与高标准相结合，既要防止出现"差不多就行了"的思想观念，甚至孤证定案，也不能机械对照，不计成本，搞过度取证。要把好案件移送"出口"，严格按照检察机关和审判机关审理标准和要求，对审查调查部门移送的案件审理报告进行全面审核，不让一个不合格的案件"随随便便"移送出去。要完善协调配合机制，加强与检察机关和审判机关的经常性工作联系，就执法调查中遇到的法律适用认识不一致、标准掌握不统一等重大共性问题进行集中研讨，共同统一法律政策认识。对重要案件，必要时可请检察机关提前介入，实现审查调查与司法程序之间顺畅高效对接、无缝衔接。协作配合，是从工作层面上讲的，绝不意味着无原则的"一团和气"或"不分你我"，必须坚守各自的职责，依规依纪依法来进行，搞好共同为案件质量负责前提下的协作配合，决不能逾越纪法的边界。

在能力素质上贯通衔接，打造纪法兼通的干部队伍。建设高素质专业化队伍，是履行纪检监察职责使命的内在要求。监察体制改革后，无论是"老纪检"还是"老检察"，都面临全新的课题，共同的短板是对改革后制定的工作规则、业务流程不熟悉，相当一部分还在"吃老本"，用老思路老办法应对新情况新问题，惯性思维和路径依赖比较严重。适应新形势需要尤其是推进纪法贯通、法法衔接需要，纪检监察干部必须丰富知识储备、强化实践运用，努力成为纪法皆通的"专才"。要把学习《规则》《规定》作为必修课，与学习党章和宪法、监察法、刑法、刑事诉讼法等方面的知识紧密结合起来，学会追本溯源、贯通理解，扎牢练好纪法武功的根基。要涵养"入山问樵，入水问渔"的求知精神，在"一招一式"上反复学、用心悟、多交流、勤总结，熟练掌握执纪执法的应知应会内容，循序渐进补齐知识短板，并在实践中做到融会贯通、一体运用、相得益彰。各级纪检监察机关要督促纪检监察干部围绕《规则》《规定》逐项对照学习，确保凡是写入法规的都严格落实，使每一项要求都化作行动、化为习惯、形成自觉，不断提高运用执纪执法武器、遵循执纪执法规矩推动纪检监察工作高质量发展的能力和水平。

二、实现执纪审查与执法调查有机统一[*]

习近平总书记在十九届中央纪委三次全会上的重要讲话站在党和国家事业发展全局的高度，为推动新时代纪检监察工作高质量发展指明了方向，提供了遵循。赵乐际同志在三次全会工作报告中强调，要忠实履行党章和宪法赋予的职责，努力实现新时代纪检监察工作高质量发展。

审查调查是新时代纪检监察工作的重要组成部分，推动审查调查工作高质量发展，最关键的是各级审查调查部门要把思想和行动统一到以习近平同志为核心的党中央决策部署和中央纪委三次全会精神上来，坚持以党的政治建设为统领，树牢"四个意识"，坚定"四个自信"，坚决做到"两个维护"，坚持党对反腐败工作的集中统一领导，坚持实事求是、依规依纪依法，聚焦审查调查主责主业，深化纪检监察体制改革，加强改进干部队伍建设，保持惩治腐败高压态势，巩固发展反腐败斗争压倒性胜利。

坚持党对反腐败工作集中统一领导，
坚决做到"两个维护"

高质量发展是政治坚定的发展。审查调查工作的高质量发展离不开党的坚强领导，必须坚持党的绝对领导不动摇。要坚守政治机关定位，把对党绝对忠诚作为首要政治原则，坚定自觉地以习近平新时代中国特色社会主

＊ 中央纪委国家监委第十五审查调查室。

义思想为指导，牢固树立"四个意识"，把坚决带头践行"两个维护"作为首要政治任务和重大政治责任，切实把"两个维护"贯穿于审查调查工作的全过程、各方面，确保审查调查工作正确政治方向。要提高政治意识和政治站位，坚持从政治上认识和推进审查调查工作，自觉把审查调查工作置于党中央决策部署全局、党和国家工作大局中来谋划、部署和推进，忠实履行党章宪法赋予的职责，真正肩负起执纪审查、执法调查，推进反腐败工作的重大任务。要加强党的集中统一领导，充分发挥反腐败组织协调作用，统筹协调执法、司法、审计等部门和系统，把党对反腐败工作的领导全面准确地落实到审查调查工作中。要坚持政治原则，严明政治纪律，及时发现和查处违反党的政治纪律、破坏党的集中统一、损害党中央权威等问题。要强化自身党的政治建设，提高政治能力和责任担当，切实做到讲政治、顾大局、护核心、真看齐，确保党的路线方针政策和中央重大决策部署贯彻落实，坚持以党的政治建设为统领推进全面从严治党向纵深发展。

坚决保持惩治腐败高压态势，
持续聚焦反腐败工作目标任务

高质量发展是目标明确的发展。当前反腐败斗争形势依然严峻复杂，保持反腐败高压态势，巩固发展反腐败斗争压倒性胜利是审查调查工作高质量发展的应有之义。要紧紧围绕党中央推进党风廉政建设和反腐败斗争决策部署，有力削减存量、有效遏制增量，坚持靶向治疗、精准惩治，深挖细查、严惩不贷，坚定不移推进反腐败斗争向纵深发展。要巩固拓展落实中央八项规定精神成果，把集中整治形式主义、官僚主义摆在突出位置，坚决纠正空泛表态、应景造势、敷衍塞责、上有政策、下有对策等行为，坚决查处政治上离心离德、思想上蜕化变质、组织上拉帮结派、行动上阳奉阴违等问题。要紧盯中央部署的防范化解重大风险、精准脱贫、污染防治三大攻坚战开展工作，严查黑恶势力"保护伞"，严查村霸、宗族恶势力和黄赌毒背后的腐败行为。要加大金融领域反腐力度，聚焦金融乱象背后的利益勾结和关系纽带，着力查处金融乱象与腐败问题交织、境内交易和境外套现交织的腐败问题，坚决清除甘于被"围猎"的腐败分子。在大力惩处"关键少数"腐败案件的同时，紧紧盯住群众身边的不正之风和腐败问题，严肃查处涉黑涉恶腐败和"保护伞"等危害群众切身利益的案件，提升人民群众对反腐败工作的获得感。要坚持稳中求进、实事求是，摒弃单纯追求办案数量的思想，注重追求和实现政治效果、纪法效果和社会效果有机统一，在"治标"的基础上抓好反腐败"治本"工作，坚持"三不"机制一体推进，提高反腐败工作质量，厚植党执政的政治基础、社会基础和群众基础。

深化转职能转方式转作风，
切实把制度优势转化为治理效能

高质量发展是质效统一的发展。推动审查调查工作高质量发展，就是在新起点上实现更有质量、更有效率、更有效果的发展。要适应新形势、站位新起点，持续深化"三转"，推动审查调查工作理念思路、方式举措、工作作风与时俱进，忠实履行执纪审查、执法调查两项职能，下大力气落实执纪执法贯通、有效衔接司法的要求，做到精准发现问题、精准突破问题、精准处置问题，高质量完成审查调查工作。要综合应用监督检查、巡视巡察、专项核查等方式，积极探索发现问题的有效途径，广泛拓展案源、拓宽渠道，切实提高发现问题线索的能力。要强化纪法意识、程序意识、证据意识，严格执行监督执纪工作规则和监察法，精准开展线索处置、初步核查、立案调查、措施使用、涉案款物管理和证据收集固定工作，大力提高审查调查突破能力。要精准把握纪法贯通、法法衔接，坚持纪在法前，把纪律、法律"两把尺子"融合起来、贯通起来使用，实现执纪审查与执法调查有机统一、相互衔接、协调发展。要深化运用监督执纪"四种形态"，结合违纪违法事实、性质、情节和危害，精准把握政策、精准定性、客观公正处置，正确问责、作出党纪政务处分、认定职务犯罪。要转变工作作风，加强执纪执法监督，通过提前介入审理、补充审查调查、配合审查起诉等措施，确保办案质量和办案安全，把改革精神贯穿履行职能、改进方式、转变作风的始终，切实把制度优势转化为治理效能。

创新纪检监察体制机制，
推进审查调查工作法治化规范化

高质量发展是与时俱进的发展。当前，国家监察体系总体框架已经建立，但一些体制机制性问题尚未得到很好解决，特别是纪法贯通、法法衔接、纪法双施中的一些问题，亟待通过深化改革，进一步完善体制机制、健全制度规范。要坚持纪法贯通，完善审查调查转换衔接办法，健全审查调查与监督检查、巡视巡察工作协作配合机制，充分发挥纪检监察机关办案合力。要坚持法法衔接，研究制定与检察、审判、公安、审计、应急管理、反腐败国际合作等部门在线索移送、措施使用、案件移送、追逃追赃等方面的协调衔接办法，健全法法衔接机制，形成整体合力。要进一步理顺上下级审查调查部门之间的关系，完善上级纪委监委统一指挥下级纪委监委开展审查调查工作的模式，加强上下级部门的业务指导工作，使上下级部门之间沟通顺畅、协作配合。要进一步完善审查调查标准化工作程序和流程，强化严重违纪、职务违法、职务犯罪案件的审查调查、问责处置，从实体和程序两个方面予以规范，形成审查调查证据标准体系，做到与刑事审判证据标准和要求相一致，全面提升审查调查工作法治化、规范化水平。

坚持科技创新应用现代技术，
全面提升审查调查工作科技含量

高质量发展是技术先进的发展。当前腐败犯罪智能化、隐蔽化、复杂化趋势比较明显，犯罪手段花样翻新，且科技发展日新月异。推进审查调查工作高质量发展，必须借助现代信息技术、现代科技手段开展工作。要适应新时代新任务新要求，加强大数据平台建设，应用大数据技术，实现网络信息、数据信息共享，提高信息化水平和办案工作效率。要加强线索评估系统、证据分析系统、证件比对系统等信息技术软件建设，依靠科技实现对相关信息的精准分析，提升办案工作科技含量。要加强现代科技应用和专业技术鉴定工作，做好电子数据提取固定，提高证据收集、研判、使用专业化水平。针对一些地方办案安全存在的问题和隐患，建立全国统一的视频指挥系统，加强办案指挥和安全监督，提升办案安全监管水平，助推审查调查工作高质量发展。

突出忠诚干净担当，
打造新时代高素质审查调查干部队伍

高质量发展是善于担当的发展。打造高素质审查调查干部队伍，不断完善自身建设是高质量发展的组织保证。国家监察体制改革后，审查调查的工作依据、工作范围、人员组成都发生了很大变化，审查调查队伍普遍存在融合度不够、本领恐慌的问题，与"讲政治、练内功、提素质、强本领"还存在相当大的差距，自身建设提升空间较大。按照习近平总书记造就一支忠诚干净担当的纪检监察铁军指示精神，要结合新时代审查调查工作需要，统筹规划、潜心设计，打造一支本领高强、能打硬仗、善于担当的审查调查工作队伍。坚持以政治坚定、理论坚定为原则。干部成长中的"本领恐慌"，首先是一种"哲学的贫困"，体现在理论思维的缺乏。只有先提高自身的政治素养、理论素养，才能培养起自身的坚定意志和自信精神，才能远离灯红酒绿、糖衣炮弹，才能真正对工作负责、对群众负责。坚持目标导向和问题导向相统一，广泛开展理论学习和专业培训，准确把握审查调查工作的基本理论、基本规定、基本要求，切实提高审查调查干部队伍政治素质和专业化水平。坚持实践培训与实战锻炼相结合，着力提升审查调查实战能力。围绕管辖罪名、谈话技巧、法律文书使用、同步录音录像录制等知识和技能，开展专题培训和实战演练。坚定自觉加强作风和纪律建设，对审查调查中的违纪违法者零容忍，坚决防止"灯下黑"，驰而不息地打造忠诚干净担当的党内纪律部队和纪检监察铁军，推动新时代审查调查工作高质量发展。

三、精准履行执纪执法职责 *

十九届中央纪委三次全会紧扣高质量发展这个总要求，对新时代深入推进全面从严治党、党风廉政建设和反腐败斗争作出新的战略部署。审查调查室作为中央纪委国家监委收拢五指、重拳出击惩治腐败的主力军，要认真贯彻落实三次全会精神，牢固树立"四个意识"，坚定"四个自信"，做到"两个维护"，坚持稳中求进工作总基调，准确把握形势判断，不断释放改革活力，以改革创新精神推动工作高质量发展。

准确把握大局大势，站稳工作定位

党的十九大以来，以习近平同志为核心的党中央坚定不移推进全面从严治党，党内政治生态展现新气象，反腐败斗争取得压倒性胜利，全面从严治党取得重大成果。但反腐败斗争还没有取得彻底胜利，形势依然严峻复杂。这是党中央基于当前反腐败斗争形势作出的科学判断。审查调查室成立以来，我们发现，腐败存量不断减少；现职领导特别是换届后班子成员中群众反映集中、性质恶劣、公然违纪违法问题的比重越来越小；党的十八大以来越往后执纪越严、政策导向越明，审查调查对象主动交代问题的越来越多；"四风"问题整治成效显著，赢得人民群众衷心拥护。同时，巩固发展反腐败斗争压倒性胜利的任务还很艰巨。如腐败存量依然很大，腐败增量还需继

---

* 中央纪委国家监委第十二审查调查室。

续遏制，党的十八大以后不收敛、不收手甚至顶风违纪的问题占较大比重；很多问题隐藏较深，违纪违法方式出现变异，涉及领域越来越专业，发现难度越来越大；拉拢腐蚀执纪执法机关和司法部门人员通风报信、出谋划策，对抗组织审查等问题不可忽视，零容忍的决心丝毫不能动摇，打击腐败的力度丝毫不能削弱。

反腐败斗争永远在路上。要时刻保持清醒头脑和战略定力，把"严"字长期坚持下去，对腐败增量要坚决遏制，对腐败存量要坚持"两个优先"，以更高的站位、更长远的眼光、更精准的思维谋划和推进审查调查工作，全力打赢反腐败攻坚战、持久战。

主动适应改革要求，深化反腐格局

随着党的纪律检查体制改革、国家监察体制改革、纪检监察机构改革一体推进、逐步深化，强化了党对反腐败工作全覆盖、全方位、全过程的领导，实现了党内监督和国家监察、依规治党和依法治国的有机统一。反腐败斗争成果不断巩固扩大，标本兼治综合效应更加凸显，成为做到"两个维护"的有力抓手。第十二审查调查室作为改革新设部门，从承办的艾文礼、王尔智、张茂才等案件看，办案周期大大缩短，质效不断提升；依法全要素使用"12+3"调查措施，依照刑事审判标准收集、固定、审查和运用证据，提高了运用法治思维和法治方式开展工作的意识和本领；制度建设成果丰硕，规范化、专业化建设大大加强。同时，改革也遇到一些问题，如一些重要机制亟待建立和完善；目前队伍建设状况与新体制、精准履行执纪执法职责、提升专业化水平的要求还有差距；执纪执法权力集中引起的社会关注度更高，也面临各种各样的风险，需要有效监督制约。

改革已经搭建起"四梁八柱"。要在重塑"形"的基础上重铸"神"，不断在总结探索中稳中求进，持续把制度优势转化为治理效能。改革开放40年来纪检监察工作的经验告诉我们，只有坚持"五个始终"，才能在继续深化改革中保持正确方向，释放出持久的战斗力。

始终坚持高点起步，完善思路举措

正值决胜全面建成小康社会第一个百年奋斗目标的关键之年、新中国成立70周年，我们要坚持以习近平新时代中国特色社会主义思想为引领，全面落实三次全会决策部署，忠实履行职责，强力反腐惩恶，以高质量发展巩固发展反腐败斗争压倒性胜利，不负伟大新时代、新使命、新征程。

更加坚决做到"两个维护"。坚守政治机关定位，进一步强化党对反腐败工作的集中统一领导，把制度优势切实转化为治理效能。严明政治纪律和政治规矩，以鲜明的立场、坚决的态度保持反腐败高压态势，坚决扛起"两个维护"的特殊历史使命和重大政治责任。

更加注重提高法治化水平。依规依纪依法开展审查调查工作，严格落实纪律审查、监察调查和刑事审判关于证据的实体性和程序性要求，既要查深查透，又要立得住、诉得出，实现政治效果、纪法效果、社会效果有机统一，确保每一起案件都经得起实践、人民、历史的检验。

更加注重提高专业化水平。深化纪法双施双守理念，聚焦重点、精准发力，不断提高精准发现、惩处的能力。着力提升掌握政策策略、谈话突破、运用信息化手段、证据收集固定运用等专业素养，提高研判、解决实际问题的能力，切实用好纪律和法律"两把尺子"。

更加注重强化创新思维。进一步创新思路和方式方法，盯住证据标准把握、措施使用、工作衔接对接等关键领域、薄弱环节和难点问题，加强分析研判和调查研究，打通纪法贯通、法法衔接盲点、难点，不断巩固深化改革成果。

更加注重一体化协调推进。与监督检查室密切配合，突出点面结合，注重深入挖掘，瞄准腐败案件背后的深层次问题，通过给当地政治生态画像等方式做好审查调查的"后半篇文章"，促进不敢腐、不能腐、不想腐的机制一体推进、同向发力，真正实现标本兼治。

着力加强队伍建设，提升能力素质

坚持高素质专业化目标，以党建工作为统领，打造政治过硬、本领高强的审查调查队伍，在伟大的斗争实践中尽显忠诚干净担当本色。

旗帜鲜明讲政治。把深入学习贯彻习近平新时代中国特色社会主义思想作为首要政治任务持续抓好，扎实开展"不忘初心、牢记使命"主题教育，守初心、担使命，找差距、抓落实，坚决在思想上政治上行动上同以习近平同志为核心的党中央保持高度一致。

同向发力提素质。打造"学习课堂"品牌，将业务轮讲和课题开发有机结合，和有关省区市业务培训有机结合，推动成果深度转化。坚持一案一剖析、一案一总结，提炼经验、发现短板、改进工作，开展全员读书荐书活动，提高集体战斗力。

锲而不舍强作风。严格落实"一岗双责"，发挥"头雁效应"，以上率下涵养风气，弘扬工匠精神，增强精品意识，重点防止和纠正形式主义、官僚主义。以中央纪委国家监委机关和本室身边先进典型引路，学榜样、见行动，营造勤勉敬业、和谐奋进的办公室文化。

打牢根基严纪律。修订工作手册，梳理审查调查全流程廉政风险点，完善内部督查制约机制。切实履行党支部书记、党小组组长主体责任，强化对室内干部和借调人员的日常提醒、廉政教育和纪律约束。注重从组织上关心关爱干部，从严从实加强队伍建设。

四、推进监督执纪问责更加科学严密有效 *

　　新修订的《中国共产党纪律处分条例》（以下简称《条例》），深入贯彻习近平新时代中国特色社会主义思想，全面落实新时代党的建设总要求，把党章和《关于新形势下党内政治生活的若干准则》等党内法规要求具体化，对全面从严治党作出再动员、再部署，为纪检监察机关精准监督执纪问责提供了新标尺，对新时代全面加强党的纪律建设提出了新要求。纪检监察机关要把学习宣传好、贯彻落实好《条例》作为当前一项十分重大、非常紧迫的政治任务，提高思想认识，掌握核心要义，增强行动自觉，准确把握精准监督执纪问责的根本点、落脚点、着力点和关键点，强化纪律建设的政治性、时代性、针对性和严肃性，推动全面从严治党取得更大战略性成果。

坚持以党的政治建设为统领，聚焦"两个维护"，始终把政治性作为精准监督执纪问责的根本点

　　党的十九大强调，政治建设是党的根本性建设。《条例》坚持以党的政治建设为统领并将其贯穿始终，把政治纪律和政治规矩摆在首位，聚焦"两个维护"，着力强化纪律的刚性约束，增强广大党员的政治自觉，切实做到在政治立场、政治方向、政治原则、政治道路上始终同以习近平同志为核心的党中央保持高度一致。

＊　任正晓，河南省委常委、省纪委书记、省监委主任。

纪检监察机关精准监督执纪问责，必须立足于新时代纪律建设的政治性这个根本点。要凸显坚定政治立场，始终坚持以习近平新时代中国特色社会主义思想为指导，坚持和加强党的全面领导。要凸显坚持政治方向，始终坚持共产主义远大理想和中国特色社会主义共同理想、"两个一百年"奋斗目标，坚持党的基本理论、基本路线、基本方略不动摇。要凸显坚守政治原则，增强"四个意识"，坚决维护习近平总书记党中央的核心、全党的核心地位，坚决维护党中央权威和集中统一领导，旗帜鲜明地反对和抵制"七个有之"问题，确保全党步调一致、令行禁止，确保党中央一锤定音、定于一尊的权威。要凸显坚信政治道路，坚定"四个自信"，坚持四项基本原则，坚持走中国特色社会主义发展道路，在重大原则问题上始终同党中央保持一致，坚决贯彻落实党中央确定的大政方针。河南省纪委监委结合中央巡视组反馈意见整改，开展"帮圈文化"专项排查，严肃查处搞团团伙伙、拉帮结派、培植个人势力等违反政治纪律和政治规矩的行为，努力形成又有集中又有民主、又有纪律又有自由、又有统一意志又有个人心情舒畅生动活泼的政治局面。

坚持以人民为中心的发展思想，聚焦群众反映强烈的现实问题，始终把时代性作为精准监督执纪问责的落脚点

习近平总书记强调，人民群众反对什么、痛恨什么，我们就要坚决防范和纠正什么。《条例》坚持人民主体地位，贯彻"凡是群众反映强烈的问题都要严肃认真对待，凡是损害群众利益的行为都要坚决纠正"的要求，坚持用严明的纪律保障和改善民生，回应新时代人民群众日益增长的美好生活需要，体现了纪律建设鲜明的时代性。

纪检监察机关精准监督执纪问责，必须紧跟时代步伐、回应人民需求，把维护群众利益作为落脚点，对破坏党同人民群众血肉联系的行为零容忍，对损害群众切身利益的问题严惩处，为满足人民群众对美好生活的向往提供坚强纪律保障。要回应人民群众对获得感的需求，严查贯彻创新、协调、绿

色、开放、共享的发展理念不力，对职责范围内的问题失察失责的行为，确保新发展理念落到实处，让改革发展成果不断惠及人民群众。要回应人民群众对幸福感的需求，着力整治民生领域特别是扶贫领域的腐败和作风问题，严肃查处慵懒无为、效率低下等损害群众利益的不作为和乱作为问题，督促党委、政府履行好脱贫攻坚主体责任，保障党中央关于脱贫攻坚重大决策部署贯彻落实。要回应人民群众对安全感的需求，着力查处党员干部涉黑涉恶腐败问题，把惩治"蝇贪"同扫黑除恶结合起来，深挖彻查黑恶势力"保护伞"，为打赢扫黑除恶专项斗争这场攻坚战提供坚强纪律保障。河南省纪委监委坚持高效率交办、高质量查办、高标准督办、高水平办结，采取直查直办、督查督办、提级查办等措施，形成了深挖彻查、露头就打的高压态势，挖出了一批黑恶势力背后的"保护伞"。

坚持问题导向，聚焦突出问题和新型违纪行为，始终把针对性作为精准监督执纪问责的着力点

习近平总书记指出，当前反腐败斗争压倒性态势已经形成并巩固发展，但形势依然严峻复杂，全面从严治党依然任重道远。《条例》立足于当前反腐败斗争形势的科学判断，聚焦管党治党中的突出问题和监督执纪中发现的新型违纪行为，坚持"靶向治疗"，在总结提炼党的建设新实践新经验的基础上，凝练为纪律规定，彰显了纪律建设很强的针对性。

纪检监察机关精准监督执纪问责，必须聚焦管党治党中的突出问题和实践中的新型违纪行为，把针对性作为着力点，切实增强管党治党的实效性。要聚焦四类重点案件和问题，严肃查处党的十八大以来不收敛、不收手，问题线索反映集中、群众反映强烈，政治问题和经济问题交织的腐败案件，违反中央八项规定精神的问题，以最坚决的态度减少腐败存量，以最有力的措施遏制腐败增量。要聚焦违反民主集中制原则等组织纪律的行为，严肃查处故意规避集体决策、借集体决策名义集体违规的行为，违反干部选拔任用规定的行为，切实强化党员的组织观念，严密党的组织程序，严格党的组织管

理，增强组织的力量，维护组织的权威。要聚焦监督执纪中发现的新型违纪行为，严肃查处干扰巡视巡察工作、信仰宗教、借用管理和服务对象钱物、通过民间借贷获取大额回报、违规揽储、利用宗教黑恶势力欺压群众、形式主义官僚主义突出表现、不重视家风建设对家属失管失教等新型违纪行为，重点强化政治纪律和组织纪律，带动廉洁纪律、群众纪律、工作纪律、生活纪律严起来。从河南省的情况看，个别党员干部仍然不收敛、不收手，违纪手段更加复杂多样，享乐主义、奢靡之风隐形变异，形式主义、官僚主义都有新的表现，《条例》回应了管党治党实践中出现的新问题和在监督执纪中发现的新型违纪行为。河南省纪委监委针对"四风"隐形变异、改头换面的苗头和趋势，进行靶向监督，发现一起、查处一起并公开曝光。同时坚持"一案双查"，对查处不力的地方和单位进行督导约谈，着力压实各地各部门的主体责任和监督责任，坚决防止"四风"反弹回潮。

坚持执纪必严、违纪必究，聚焦全面从严要求，始终把严肃性作为精准监督执纪问责的关键点

《条例》把坚持党要管党、全面从严治党作为纪律处分工作的第一条原则，对组织利用宗教活动反对党的路线、方针、政策和决议，搞有组织的拉票贿选或者用公款拉票贿选，扶贫领域侵害群众利益等行为，规定从重或加重等从严处分，进一步扎紧管党治党的制度笼子，体现了以习近平同志为核心的党中央站在新的历史起点，用严明的纪律管全党治全党的坚定决心，释放出全面从严治党越往后越严的强烈信号。

维护纪律权威、推动纪律落实是纪检监察机关的使命所系、职责所在。必须紧握纪律戒尺，加强纪律教育，强化纪律执行，始终把严肃性作为精准监督执纪问责的关键点，坚决维护党纪的权威性、严肃性。要从严教育，通过学习培训、案例剖析、警示教育等形式，使广大党员干部强化纪律意识，增强纪律自觉，做到知敬畏、存戒惧、守底线，习惯在受监督和约束的环境中工作生活。对违反纪律的典型案例，要开展以案促改，研究案发规律，深

挖问题根源，警示教育干部，整改突出问题，健全完善制度，努力实现"查处一案、警示一片、治理一方"的政治效果、纪法效果和社会效果。要从严监督，加强对党组织和党员干部学习贯彻《条例》、执行党的纪律情况的监督检查，把纪律和监督挺在前面，坚持惩前毖后、治病救人，深化运用监督执纪"四种形态"，严肃、认真、具体地做好日常监督工作，抓早抓小、防微杜渐。要从严执纪，以事实为依据、以纪法为准绳、以证据为支撑、以安全为保障，严肃查处违反党纪的行为，真正让铁规发力、禁令生威；发挥纪委监委合署办公优势，把执纪和执法贯通起来，让违纪者受到党纪处分，使违法者受到法律制裁。要从严自律，以更高的标准、更严的纪律要求纪检监察干部队伍，在全省纪检监察系统扎实开展"讲忠诚、守纪律、做标杆"的活动，强化对党绝对忠诚的政治自觉、形成带头遵守纪律的示范效应、练就熟知善用《条例》的"看家本领"，努力打造忠诚坚定、担当尽责、遵纪守法、清正廉洁的党内"纪律部队"。

五、立足新起点　锲而不舍持续发力纠治"四风"*

站在巩固发展压倒性胜利这个新起点，必须清醒认识到，纠治"四风"是守护共产党人初心使命的必然要求，如果任由歪风滋生蔓延，就会导致初心蒙尘、使命不达；纠治"四风"是我们党勇于自我革命的应有之义，如果党风政风不正，就会严重损害党的先进性和纯洁性；纠治"四风"是从严管党治党的基础性工作，如果纠治不彻底，全面从严治党就不会取得更大的战略性成果。所以，没有纠治"四风"工作的高质量发展，就没有纪检监察工作的高质量发展；没有作风建设新成效，就没有新时代党的建设新气象。

习近平总书记在十九届中央纪委三次全会上强调，坚决防止产生"疲劳综合征"，对享乐主义、奢靡之风等歪风陋习要露头就打，对"四风"隐形变异新动向要时刻防范。习近平总书记的重要指示精神，为我们把纠治"四风"工作不断推向前进提供了根本遵循。作风建设再出发，必须保持永远在路上的坚韧和执着，坚持稳中求进，巩固深化拓展，锲而不舍落实中央八项规定精神，驰而不息纠治"四风"，持续发力、再创新绩。

思想引领是纠治"四风"的根本保证，必须提高政治站位、保持政治定力

习近平新时代中国特色社会主义思想是纠治"四风"的思想武器和行动

＊　陈辐宽，山东省委常委、省纪委书记、省监委主任。

指南，要善于从中找立场、找观点、找方法。党的十八大以来，习近平总书记围绕作风建设发表一系列重要论述，强调了重要性，指出"党的作风就是党的形象，关系人心向背，关系党的生死存亡"，"要把刹住'四风'作为巩固党心民心的重要途径"；指出了长期性，提醒"作风问题具有顽固性反复性，必须抓常、抓细、抓长，持续努力、久久为功"；教给了方式方法，提出"解决'四风'问题，要标本兼治，既治标又治本"，"要对准焦距、找准穴位、抓住要害，不能'走神'、不能'散光'"；等等。这些重要论述揭示了党的作风建设的基本规律，为我们持之以恒纠治"四风"指明了正确方向、提供了航标指引。要强化思想理论武装，持续学懂弄通做实，始终坚持以习近平新时代中国特色社会主义思想为统领，贯穿到作风建设的各方面全过程。

统筹推进是纠治"四风"的基本思路，必须综合施治、协同发力

"四风"彼此之间紧密联系、相互作用，需要整体把握、系统纠治。一方面，坚持普遍联系的观点，增强纠治"四风"的整体性、协同性。享乐主义与奢靡之风相伴而生，奢靡之风其实就是极端的享乐主义；形式主义与官僚主义如影随形，官僚主义衍生出各式各样的形式主义；形式主义、官僚主义严重的地方，往往享乐奢靡的问题也很突出。党内存在的其他诸多问题，背后大都潜藏着"四风"问题。在纠治过程中，要把整治形式主义、官僚主义与解决享乐奢靡问题有机结合起来，统筹谋划、一体推进，防止顾此失彼；查处党内其他问题时，也要深挖细查背后的"四风"问题。另一方面，善抓主要矛盾，以重点突破带动作风建设整体提升。经过这几年努力，享乐主义、奢靡之风得到明显遏制，但整治形式主义、官僚主义仍是短板。习近平总书记强调，形式主义、官僚主义是现阶段党内存在的突出矛盾和问题，是阻碍党的路线方针政策和党中央重大决策部署贯彻落实的大敌。要从严明政治纪律的高度坚决破除形式主义、官僚主义，推动党的路线方针政

策和党中央重大决策部署贯彻落实，着重解决工作不实的问题，着重解决在人民群众利益上不维护、不作为的问题，推动作风建设向纵深发展。

标本兼治是纠治"四风"的重要方针，必须惩防并举、一体推进

"四风"问题成因复杂，这就决定了治理措施的多样性，仅靠某一种方式不可能完全奏效，只有一体推进"三不"，坚持标本兼治才能达到巩固深化的效果。坚持治标不放松，强化"不敢"的震慑。失去了强力惩治这个强大后盾、坚固后墙，治本就无从谈起。当前，享乐奢靡问题尚未根本禁绝，稍一放松就会卷土重来；形式主义、官僚主义问题依然突出，群众反映强烈。这种情况下，我们要保持高压惩治，力度更大、尺度更严，发现一起、查处一起，让"不敢"的震慑效应更加彰显。以更大精力抓治本，推动"不能""不想"。只有治本才能巩固治标的成果，如果一味治标，而不从制度、思想上解决根子问题，就会陷入抓一抓就好转、松一松就反弹的怪圈。一些"四风"问题之所以反复，很重要的原因就在于制度不严密或执行刚性不足，让人有机可乘。要把制度建设贯穿纠治"四风"全过程，针对发现的问题查找漏洞，与时俱进完善机制制度，向制度建设要长效。"四风"问题表面是作风不正，实则是思想不纯，说到底是理想信念不牢、宗旨意识不强。从源头上消除"四风"，最根本的是从思想抓起，教育引导党员坚守初心使命，自我改造、固本培元，真正筑牢思想堤坝。

群众路线是纠治"四风"的有效方法，必须依靠群众、发动群众

党的十八大以来，作风建设之所以成效卓著，制胜法宝就是走群众路线。在新起点上把纠治"四风"推向前进，要把这一优良传统发扬光大。

依靠群众强监督。群众的监督无处不在，党员干部是不是存在"四风"问题，群众看得最清楚，我们查处的多数问题线索都是群众提供的。必须进一步调动群众的积极性和主动性，让"四风"问题时刻处于严密监督之下，为纠治"四风"提供更加持久的动力源泉。

深入群众摸实情。当前"四风"问题越来越隐蔽，发现、查处的难度加大，需要加强调查研究，深入基层掌握第一手资料，深挖隐形变异的享乐奢靡之风，精准把握形式主义、官僚主义的表现形式和特点规律，向群众问计求策，使纠治"四风"的举措更有针对性和操作性。群众满意作标准。纠治"四风"的成效如何，群众最有发言权。要把群众满不满意作为评判标准，集中解决群众反映最突出、最强烈的问题，真正让老百姓感受到实实在在的作风变化，以正风肃纪的实际成效取信于民。

以上率下是纠治"四风"的关键之举，必须风成于上、俗化于下

党的十八大以来，以习近平同志为核心的党中央带头严格执行中央八项规定精神，为全党树立了典范、作出了表率，彰显了党中央从我做起、自上而下推进作风建设的顽强意志品质和坚定决心，也是纠治"四风"必须始终坚持的宝贵经验。发挥领导干部"头雁效应"。党员领导干部作风如何，对党风政风乃至整个社会风气具有重要影响。纠治的"四风"首先从领导机关、主要领导干部抓起，就能牵住"牛鼻子"，以"关键少数"带动影响"绝大多数"。压紧压实主体责任。主要领导干部不仅要管好自身，还要担负起作风建设的主体责任。如果分管部门、领域出现严重的"四风"问题，即使自身做得再好也难辞其咎。党员领导干部要牢牢扛起主体责任，狠抓"四风"问题不放松、层层传导压力、层层压实责任。纪检监察机关要立足职责定位，紧盯"关键少数"，强化监督执纪，推动责任落实，汇聚纠治"四风"、倡树新风的持久力量。

六、用铁人精神坚决整治形式主义、官僚主义 [*]

党的十八大以来，习近平总书记就反对形式主义、官僚主义作出一系列重要论述和指示批示，强调形式主义、官僚主义同我们党的性质宗旨和优良作风格格不入，是我们党的大敌、人民的大敌，全党要充分认识形式主义、官僚主义的长期性、复杂性、多样性、变异性，坚决与之作斗争。党的十九大后首轮巡视发现，部分中央企业仍然存在贯彻落实党中央决策部署不全面、不坚决，学用"两张皮"，工作中不担当、不作为、责任落实不力等形式主义、官僚主义问题，充分印证了习近平总书记和党中央对当前形势的正确判断。

近期，驻国资委纪检监察组赴大庆油田调研，深入学习大庆油田开拓者们培育形成的"爱国、创业、求实、奉献"的大庆精神、铁人精神。不论是铁人王进喜纵身一跃跳进泥浆池的勇敢，还是"石油工人一声吼，地球也要抖三抖""宁可少活二十年，拼命也要拿下大油田"的豪情，都是这种伟大精神的鲜活体现。这种精神，已成为中国共产党伟大精神、中华民族伟大精神的重要组成部分。无论过去、现在，还是将来，永远都是激励我们不畏艰难、勇往直前的宝贵精神财富。当前，中央纪委部署集中整治形式主义、官僚主义，我们就要大力弘扬铁人精神，用铁一般的意志、铁一般的决心坚决整治、持续整治、彻底整治。

---

* 陈超英，中央纪委常委、国家监委委员，驻国务院国资委纪检监察组组长、国务院国资委党委委员。

用铁人精神整治形式主义、官僚主义，必须以实际行动增强"四个意识"、践行"两个维护"

形式主义、官僚主义从根本上背离了党的宗旨，违背了党的根本要求，就是对党不忠诚，我们必须从政治的高度看待这个问题。铁人精神的一个鲜明特质就是对党忠诚，时刻与党中央保持高度一致。大庆石油会战中，面对重重困难，铁人王进喜响亮地提出："这困难，那困难，国家缺油是最大的困难；这矛盾，那矛盾，国家建设等油用是最主要矛盾。"他们通过学习《实践论》和《矛盾论》，用辩证唯物主义的立场观点方法，研究解决油田开发建设中的一系列问题。在任何时候、任何情况下都坚持"两分法"，形势好的时候看到不足，形势严峻的时候看到希望。他们始终秉承迎风斗雪的钻塔意志、攻坚啃硬的钻头作风、撼天动地的转盘力量、忠诚担当的铁人品格，仅用三年时间就成功开发建设了大庆这个世界级特大油田，一举甩掉了中国"贫油"的帽子，真正为国家争了光，为民族争了气，用实际行动诠释了对党的无限忠诚和热爱。

铁人精神为我们当前增强"四个意识"、做到"两个维护"树立了标杆。"四个意识"和"两个维护"是具体的不是抽象的，不能光挂在嘴上，只是表表态、喊喊口号，只有付诸行动、结合实际把中央决策部署落实到具体工作中，才是真正的贯彻落实、真正的保持一致。中央企业作为党执政的重要物质基础和政治基础，必须大力弘扬铁人精神，深入贯彻落实习近平新时代中国特色社会主义思想和党的十九大精神，落实新发展理念，推进供给侧结构性改革，加快提升自主创新能力，有效应对当前错综复杂的经济形势，确保党中央政令畅通、党中央重大决策部署落实到位，以实际行动维护习近平总书记党中央的核心、全党的核心地位，维护党中央权威和集中统一领导。

用铁人精神整治形式主义、官僚主义，必须求真务实干事业、一心一意谋发展

形式主义、官僚主义最核心的问题就是不真抓、不实干。打蛇打"七寸"，只要我们一心一意真抓实干，就扼住了形式主义、官僚主义的要害。铁人精神就处处展现了"真"和"实"的工作态度。大庆石油会战中，他们提出了许多务实管用的标准和要求，至今值得称赞学习。比如，提出"三老四严"精神，即当老实人、说老实话、办老实事，严格的要求、严密的组织、严肃的态度、严明的纪律；提出"四个一样"，即黑天和白天干工作一个样，坏天气和好天气干工作一个样，领导不在场和领导在场干工作一个样，没有人检查和有人检查干工作一个样；还提出"干工作要经得起子孙万代的检查"；等等。再比如，他们"万里测温"的故事，为弄清大庆原油在长途运输中的油温和沿途风速及气温变化，给原油加温提供更科学的数据，两名技术员和实习员在严寒风雪中连续奔波 3 个月，往返大庆与大连之间 5 次，行程 1 万多公里，掌握了大量第一手资料，获得了科学设计的依据。这些都体现了实事求是、严谨严格的工作态度。

习近平总书记指出，中华民族伟大复兴，绝不是轻轻松松、敲锣打鼓就能实现的。全面建成小康社会要靠实干，实现中华民族伟大复兴更要靠实干。对中央企业来讲，当前要贯彻落实好习近平总书记关于国有企业改革发展党建的重要论述，特别是把全国国企党建工作会议精神进一步落实到位，坚持将党建与业务深度融合，增强行动自觉，在加强党对国有企业的全面领导、深化国企改革、加快推进转型升级、提高自主创新能力等方面出实招、求实效，以实实在在的工作业绩彰显中央企业的政治担当。

用铁人精神整治形式主义、官僚主义，
必须坚持领导走在前、干部干在前

形式主义、官僚主义问题主要出在各级领导机关、领导干部身上。反对形式主义、官僚主义，重点就要抓住这个"关键少数"。铁人精神就是领导干部冲锋在前、以身作则的典范。大庆石油会战中，王进喜不顾腿伤跳进泥浆池，用身体搅拌泥浆压井喷，靠着这种冲锋在前的责任担当，带动形成了"一个铁人前面走、千百个铁人跟上来"的大会战场景。他们提出"工人三班倒、班班见领导"，这也是反对形式主义、官僚主义非常具体的措施。特别是王进喜同志提出的"五讲"，即讲进步不要忘了党、讲本领不要忘了群众、讲成绩不要忘了大多数、讲缺点不要忘了自己、讲现在不要割断历史，其中蕴含着作为一名领导干部的崇高思想境界和自我革命精神，为我们从思想认识上反对形式主义、官僚主义提供了借鉴。特别是他提到的"讲缺点不要忘了自己"，对于今天的领导干部参加党内政治生活、开展批评和自我批评，具有很强的示范意义，值得我们认真学习。

习近平总书记指出，领导干部要以身作则、率先垂范，凡是要求党员、干部做到的自己必须首先做到，凡是要求党员、干部不做的自己必须首先不做。各级领导干部学习铁人精神，就是要以王进喜等大庆油田的创业英雄们为榜样，事事、时时、处处都走在前、干在前。当前，要认真落实中央办公厅《关于进一步激励广大干部新时代新担当新作为的意见》，坚持领导干部亲自抓、带头干，勇于挑最重的担子、啃最硬的骨头，敢于直面矛盾，敢于动真碰硬，切实做到忠诚履职、精忠报国，不负党和人民重托。

用铁人精神整治形式主义、官僚主义，
必须始终做到密切联系群众、真心服务群众

形式主义、官僚主义最大的危害就是在党同人民群众之间形成了一堵

"墙"，严重损害了党同人民群众的血肉联系。铁人精神则是密切联系群众、真心服务群众的生动写照。以王进喜为代表的大庆油田建设者们提出领导干部"约法三章"，即坚持艰苦奋斗的优良传统，不搞特殊化；坚持参加集体生产劳动，不能当官老爷；坚持"三老四严"的作风，不骄傲自满，不说假话。提出"三个面向、五到现场"，即面向群众、面向基层、面向生产，生产指挥到现场、政治思想工作到现场、材料供应到现场、设计科研到现场、生活服务到现场。提出领导干部"五同"，即同吃、同住、同劳动、同解决生产问题、同娱乐，以及干部跟班劳动的七种方式，这些都是深入一线、深入群众、与群众打成一片的好做法。同时，还提出"三三制"，即机关工作人员三分之一在机关办公、三分之一跑面了解情况、三分之一在基层蹲点调查，这也是深入开展调查研究的有效做法，为我们反对形式主义、官僚主义提供了极其鲜活的经验。

习近平总书记多次强调，党与人民风雨同舟、生死与共，始终保持血肉联系，是党战胜一切困难和风险的根本保证，必须坚持以人民为中心的发展思想。学习领会习近平总书记的重要论述，就要在新时代不忘初心、不改初衷，切实转变工作作风，坚决反对特权思想、特权现象，保持对人民群众的赤子之心，深入调查研究解难题，贴近实际、贴近群众抓落实，关心群众利益和疾苦，面对面、心贴心、实打实做好群众工作，让人民群众切实感受到党的温暖，切实享受到改革发展成果。

新时代呼唤新担当新作为。我们要坚决贯彻落实习近平总书记关于整治形式主义、官僚主义的重要讲话和批示精神，按照中央纪委的统一部署，提高政治站位，增强"四个意识"，践行"两个维护"，聚焦监督第一职责，把整治形式主义、官僚主义作为重要政治任务，作为正风肃纪、反对"四风"的首要任务、长期任务，持久发力、久久为功，推动国资委和中央企业形式主义、官僚主义问题彻底有效解决，确保整治工作取得扎扎实实的成效。

七、准确把握并运用好"四种形态"*

监督执纪"四种形态"是全面从严治党的重大实践和理论创新成果，是对管党治党规律的深刻总结，是推进全面从严治党向纵深发展的有力武器。纪检监察机关必须深刻理解、准确把握监督执纪"四种形态"中蕴含的价值理念、目标导向和实践要求，做到深化运用、贯通运用、规范运用，切实履行党章和宪法赋予的职责使命。

始终践行实事求是的思想路线

实事求是作为党的思想路线，也是做好纪检监察工作的基本要求。监督执纪"四种形态"针对违纪违法的不同情形，明确了相应的处置方式，是实事求是思想路线在纪检监察工作中的生动体现。准确运用监督执纪"四种形态"，必须坚持一切从实际出发，精准把握、统筹把握、辩证把握，该适用哪种形态就适用哪种形态，确保纪律事实、法律事实与客观事实相一致。

明确政策适用。"四种形态"涵盖从批评教育到移送司法的广阔地带，需要精准把握好适用"四种形态"的不同条件和工作标准，明确政策界限，区分不同情况，坚持分类处置。第一种形态以教育警醒为主，第二种形态以轻惩戒为主，这两种形态的警示作用大于惩治作用，目的是抓早抓小、关口前移、防微杜渐；第三种形态以重惩戒为主，第四种形态是坚决惩处打击，这两种形态侧重严肃查处问责，惩治作用大于警示作用，体现有腐必惩、有

＊ 江苏省纪委监委课题组。

贪必肃。在实践中，要使第一种形态成为常态，使多数人不犯或少犯错误；综合运用第二、三种形态，防止一般违纪违法发展成犯罪行为；要果断稳妥用好第四种形态，使前三种形态有威慑力，让党员、干部真正把组织的纪法监督时刻铭记在心。

强化程序意识。程序公正是实体公正的重要保障，没有程序的合法就没有实体的合法。"四种形态"的运用必须严格执行监督执纪工作规则和监督执法工作规定的有关程序性要求，该有的程序一个都不能少，前后的次序一点都不能乱。纪检监察机关是政治机关，执纪执法是严肃的组织行为，而不是个人行为，必须严格执行民主集中制原则。对于"四种形态"运用中的重要问题，都要经过集体研究，绝不能个人决定重大事项。严格执行请示报告规定，无论是谈话函询，还是初步核实和立案审查调查，都要严格按照审批权限报批，自觉接受组织监督。

严格证据标准。收集、固定、审查、运用证据是准确适用"四种形态"的基础。对违纪违法事实的判断，无论是与否、此与彼、重与轻，都需要靠证据来说话。纪检监察机关必须本着高度负责的态度，客观、全面收集证据，既要收集能够认定违纪违法事实的证据，也要注意收集存在减轻和从轻情节的证据，做到去伪存真、去粗取精，最大限度地还原事物的本来面目，为精准认定、准确适用打下基础。要通过严把事实关、纪法适用关，防止出现事实和性质认定不准、政策法规适用不当、执法尺度不一、处理畸轻畸重等现象。

准确把握惩前毖后的目标导向

惩前毖后、治病救人是我们党的一贯方针。监督执纪"四种形态"环环相扣、层层把关，体现了严管与厚爱的有机统一。准确运用监督执纪"四种形态"，纪检监察机关要做到抓早抓小、防微杜渐，惩处极少数，警醒大多数，帮助教育我们的同志少犯错误或者纠错改过、回归正道。

及早发现问题。早发现才能早处置，尽早把问题揭示出来是用好"四种形态"的前提。纪律监督、监察监督、派驻监督、巡视巡察监督都要聚焦发现问题，提高主动发现的能力，不能等问题严重了、造成危害大了再去处理。纪检监察机关必须强化"查办大案要案是成绩，抓早抓小更应是成绩"的意识，定位向监督聚焦、责任向监督压实、力量向监督倾斜，管好关键人、管到关键处、管住关键事、管在关键时，紧盯公权力运行全过程、各环节，消除权力监督的真空地带，压缩权力行使的任性空间，着力提高监督的针对性、实效性。

落实主体责任。用好"四种形态"首先是党委要用、党委书记要用。特别是让红脸出汗成为常态，体现着对党的事业、对同志负责的态度，考验着各级党组织是否坚强有力、党内政治生活是否严肃认真、党员领导干部是否担当尽责。各级纪检监察机关协助党委推进全面从严治党，不能以监督责任代替主体责任，必须督促推动党委真正做到真管真严、敢管敢严、常管常严。各级党组织主要负责人要敢于、善于运用第一种形态，发现错误苗头就及时约谈提醒、谈话函询，督促广大党员干部增强党的观念和纪律意识，做到心有所畏、行有所止。

强化监督刚性。使党员干部远离底线，从第一道关口就要把住。谈话函询是严肃的思想政治工作，不能蜻蜓点水、泛泛而谈，而是要见人见事见思想，把话谈到心里去，使有问题的能够珍惜组织给予的机会，相信组织、依靠组织，主动承认错误、改正错误，真正起到提醒警示、触及灵魂的效果。要督促党员领导干部在民主生活会上把接受谈话函询的情况说清楚、讲透彻，开展批评和自我批评，即使没有问题也可以达到提高认识、放下包袱的目的。要加大对函询结果的抽查核实力度，对不如实说明、欺骗组织的严肃处理、通报曝光，让监督"长牙""带电"，切实增强监督威慑力。

着力探索标本兼治的有效路径

贯通运用监督执纪"四种形态"，既要做到底线常在、"后墙"不松，又要着力铲除滋生腐败问题的土壤，真正实现标本兼治。

保持高压态势。面对依然严峻复杂的反腐败斗争形势，面对腐败问题更加隐蔽变异的挑战，惩治这一手任何时候都不能放松。必须坚持有贪必肃、有腐必惩，精准打击、靶向治疗，聚焦党的十八大以来着力查处的重点对象，紧盯重点领域和关键环节，严惩贪污贿赂、滥用职权等职务违法和职务犯罪。要对腐败增量发现一起查处一起，在零容忍遏制腐败增量的前提下，有力削减腐败存量，对人民群众反映强烈、问题突出的优先查处。要在严肃查处党员领导干部腐败问题的同时，坚持受贿行贿一起查，压缩"围猎"与被"围猎"的空间。

健全体制机制。在违纪违法典型案件中，权力运行、监督管理方面的体制机制漏洞暴露得最为充分。无论哪一种形态，都不能仅仅是处理几个人，而是要深挖背后的体制机制漏洞，推动相关地区和单位吸取教训，实现以案促改、以案促建的目的。要对监督检查揭示问题和违纪违法典型案例进行深入剖析研究，着重发现相关主体落实责任不力、失职失责等问题，通过纪律检查建议和监察建议方式，严肃指出存在问题，督促抓好整改落实。对整改落实情况开展评估，压实整改责任，对整改不力、敷衍整改、虚假整改的，严肃追责问责，确保改彻底、改到位。

筑牢思想之堤。无数违纪违法案例的事实表明，思想上松一寸，行动上就会偏一尺。"四种形态"的每一道防线发挥作用，都需要让广大党员干部深刻认识违纪违法的危害，增强"不想腐"的自觉。"四种形态"中每一种形态的运用，都包含着教育、激励、警示。即使是被采取留置措施的干部，也要通过有温度、有深度、有力度的思想政治工作，使他们真正感受到党组织对干部的关心关爱，认清自己违法犯罪行为的严重性，真心向组织悔罪。要着力做好审查调查的"后半篇文章"，充分运用"活教材"，创新警示教育方式，达到"处理一人，警醒一片，教育一方"的效果，真正把以案为鉴、施教为先抓在日常、融入经常。

有效落实纪法贯通的实践要求

国家监察体制改革的一个重大成果是真正打通了"四种形态"，让"四种形态"不仅成为执纪的遵循，也成为执法的遵循，实现了规、纪、法的有机贯通。准确运用监督执纪"四种形态"，纪检监察机关必须同步履行执纪执法两项职责，用好纪律和法律"两把尺子"，把制度优势加快转化为治理效能。

实现一体运行。纪检监察机关对所有涉嫌违纪、职务违法、职务犯罪的问题一体审查调查，并不意味着纪与法之间就没有了区分。纪检监察机关要始终贯彻纪在法前、纪严于法的要求，坚持把纪律挺在前面，违纪了就坚决执纪，绝不能以法代纪，或者等到违法了才去执纪。高度重视做好职务违法调查工作，切实解决一些公职人员"犯罪有人管，违法无人问"的问题，有效管住公职人员从"好同志"到"阶下囚"的广阔地带，填补对违法行为监督的空白。要实现监察法和刑法、刑事诉讼法之间的有效衔接，着力提升防治腐败的规范化法治化水平。

把握衡量尺度。"四种形态"间的相互转化，要严格依据纪法、事实两个定量，同时充分考虑被调查人的态度这个关键变量，根据被调查人认错悔错改错的实际行动进行综合把握。一方面，要综合考虑从轻、减轻的情节，使那些思想和行动已经彻底转变的人得到挽救；另一方面，在认定从轻、减轻时，绝不能在事实证据和性质认定方面放松要求，坚决防止出现从宽处罚无边、从轻处理无度、人为降低质量要求的情况。

注重综合效果。纪检监察机关无论执纪还是执法，都不是机械的、教条的，而是努力实现政治效果、纪法效果、社会效果的有机统一。看政治效果，就要看是否体现了党的政策策略，是否有利于加强党的全面领导、推进党的政治建设，维护和净化地区和部门政治生态。看纪法效果，就要看是否严格执行纪律和法律规定，是否维护纪律和法律权威，层层筑牢纪法防线。看社会效果，就要看是否赢得广大人民群众的认同和赞誉，为全面从严治党构筑更为坚实的社会基础。纪检监察机关要提高把握和运用政策的能力水平，行使权力慎之又慎、自我约束严之又严，使干部既体会到纪法的约束和刚性、又体会到组织的关心关爱，确保每项工作都经得起实践、人民、历史的检验。

八、顺应新时代要求　助力高质量发展 *

——认真学习贯彻《关于加强和改进案件审理工作的意见》

近日，《关于加强和改进案件审理工作的意见》（以下简称《意见》）经中央纪委办公会议审议通过，印发各级纪检监察机关（机构）施行。《意见》深入贯彻落实习近平新时代中国特色社会主义思想和党的十九大，十九届中央纪委二次、三次全会精神，对新形势下进一步加强和改进案件审理工作提出了明确要求，对推动案件审理工作实现高质量发展意义重大，影响深远。

深刻理解《意见》出台的必要性和重要性

党的十八大以来，各级纪检监察机关案件审理部门坚决贯彻落实党中央全面从严治党战略部署和中央纪委各项工作要求，忠实履行审核把关和监督制约职能，优质高效地完成了各项任务。随着党的纪律检查体制改革、国家监察体制改革和纪检监察机构改革的深入推进，加强党的政治建设，实现纪检监察工作高质量发展等新形势、新任务，对案件审理工作的理念、方法以及队伍建设等提出了新的更高要求，纪检监察机关迫切需要提高案件审理工作的质量和水平。为适应改革和发展的需要，亟须制定一个规范性文件对案件审理工作予以指导。根据中央纪委领导同志的指示，2018 年 9 月以来，中央纪委国家监委案件审理室组织精干力量，在深入全国各地开展纪检监察

---

* 陈国猛，中央纪委国家监委案件审理室主任。

系统全覆盖调研和广泛征求意见的基础上，深入分析案件审理工作中存在的问题，提出相应措施，研究起草了《意见》。

《意见》是新形势下加强和改进案件审理工作的指导性文件，对规范案件审理、提高审理水平具有重要意义。一是突出强调案件审理工作的特殊地位和重要作用。纪检监察工作实现高质量发展，首先要体现在案件办理的高质量上。《意见》强调，案件审理是办理案件的必经程序和重要环节，是纪检监察机关重要的"关口""出口""窗口"。赵乐际同志指出，案件审理工作质量的高低，直接关系到纪检监察工作能否实现高质量发展。各级纪检监察机关要深刻认识案件审理工作的地位作用，进一步加强和改进案件审理工作。二是深刻指出案件审理工作的政治责任和职责要求。《意见》强调，案件审理部门要自觉将"四个意识""两个维护"落实到案件审理工作的全过程和各环节，以保障和提高案件质量为核心，忠实履行党章和宪法赋予的职责。作为广大审理干部来讲，必须守责、尽责、负责，强化精准思维，坚持实事求是，按照"事实清楚、证据确凿、定性准确、处理恰当、手续完备、程序合规"的24字基本要求，严格审核把关，确保案件经得起实践、人民、历史的检验。三是明确要求切实加强对案件审理工作的领导和指导。《意见》强调，各级纪检监察机关及其主要领导要高度重视案件审理工作，支持和鼓励案件审理部门坚持原则，充分发挥其参谋助手作用，切实研究解决案件审理工作存在的问题和困难。上级纪检监察机关要加强对派驻（派出）机构和下级纪检监察机关案件审理工作的监督、指导和支持。各级纪检监察机关要以《意见》的印发为契机，进一步加强对审理工作的领导、指导，确保案件审理部门全面履职尽责。

准确把握《意见》的重点内容和关键问题

坚决做到"两个维护"，不断严明政治纪律和政治规矩。《意见》强调，必须准确把握新形势下案件审理工作的职责定位，切实履行案件审理工作的政治责任。旗帜鲜明讲政治，坚决做到"两个维护"，不能浮在表面上，停留在口号上，要落实到"见案见人见事"。各级案件审理部门和广大审理干部要不断增强政治敏锐性和政治鉴别力，善于从政治立场、政治方向、政治原则、政治道路上查找偏差，高度警惕、准确辨别、精准刻画、严肃处理违反政治纪律和政治规矩的行为。要坚持实事求是，将政治思维与法治思维贯通结合、辩证统一起来，秉持"公心"审理，坚决防止自身工作中的形式主义和官僚主义，防止执纪执法简单化、随意化、扩大化。

以保障和提高案件质量为核心，认真履行案件审理部门工作职责。《意见》明确，各级纪检监察机关案件审理部门要强化精准思维，严把案件质量关，严格履行审核把关职责，强化监督制约职能，确保案件处理的综合效果。要严格履行案件审理工作基本程序和制度，坚持独立审理，坚决防止"先定后审""查审不分"等问题的发生。要敢于、善于提出不同意见，该提出问题的一定要提出，绝不能简单地"走程序""补手续"。《意见》强调，要坚持纪法"双施双守"，准确把握违纪、违法和职务犯罪案件的证据标准。切实保障案件审理时限，坚持时间服从质量，绝不能违背工作实际和办案规律，片面强调"快立、快查、快审、快结"。统一规范审理文书，突出党内审查特色，运用好纪律和法律两种语言，全面反映被审查调查人违纪和违法犯罪问题。既要真实反映被审查调查人的态度和认识，深入剖析违纪违法思想根源，又要准确概括违纪违法行为的本质和特点，深挖违纪违法行为的政治成因和政治影响。《意见》还要求，要建立健全案件审理质量责任制和案件质量评查机制，强化对下监督和指导，防止出现因案件审理部门把关不严导致的案件质量问题。做实做细案件的"后半篇文章"，深入开展"以案促改"工作，充分发挥反面典型的惩戒、警示和教育作用。

精准把握政策和策略，深化运用监督执纪"四种形态"。《意见》要求，要立足本地区本部门政治生态，统筹考虑违纪违法行为的性质情节、后果影响、被审查调查人认错悔错态度等情况，依规依纪依法、审慎稳妥提出处理意见，实现"惩前毖后、治病救人"的目的。各级案件审理部门要秉持全面、统筹、辩证思维，准确把握适用"四种形态"的不同条件，坚决防止搞"一刀切"和"唯数额论"。《意见》强调，对于经综合考虑予以从轻处理、从宽处罚的案件，在事实证据和性质认定等方面要严格把握标准，不能在规定之外随意变动，防止出现事实和性质认定不准、政策法规适用不当、执纪执法尺度不一、处理畸轻畸重等问题。同时，要特别注意的是，"四种形态"不是取证不到位的兜底条款，不能因为证据不能证明相关事实而以"四种形态"的名义算模糊账。

加强内外沟通协作配合，不断强化共同对案件质量负责的观念和机制。《意见》要求，要建立健全案件审理部门与案件承办部门的沟通协调配合机制，不断增强工作合力。案件审理部门既要严格依规依纪依法审核把关，也要不断改进工作方式方法，主动加强沟通配合，充分听取案件承办部门的意见，共同解决案件审查调查处理过程中遇到的问题。案件承办部门要支持配合案件审理工作，自觉接受监督，认真听取意见，切实履行好保障和提高案件质量的共同职责。《意见》强调，要加强与司法执法机关的协作配合，建立完善高效、顺畅的协作配合和信息共享机制，切实做好涉嫌职务犯罪案件移送审查起诉、退回补充调查等工作，推动各级纪检监察机关与检察机关、审判机关共同对案件质量负责，坚决防止设定"零延期""零退查""零不诉""零无罪""零上诉"等脱离实际的工作目标。

切实加强审理队伍建设，选好配强审理干部。正确的路线确定之后，干部就是决定的因素。如果审理干部队伍建设跟不上，实现案件审理工作高质量发展就无从谈起。为此，《意见》要求，要不断优化案件审理部门机构设置，切实选好配强审理干部。要研究明确案件审理部门主要负责人和审理干部的配备条件，着力加强基层和派驻（派出）机构案件审理工作力量。按照严管厚爱的要求，加强审理干部锻炼培养，提高审理干部的政治能力、业务能力，打造纪法兼修的"专才"。中央和省级纪检监察机关要建立审理业务人才库，为推动案件审理工作高质量发展提供坚强组织保障。

认真抓好《意见》的学习培训和贯彻落实

制度的生命力在于执行和落实。各级纪检监察机关要认真组织开展专题学习培训，深刻领会《意见》主要精神和具体要求并贯彻落实到具体工作中。

同时，要结合本地区本部门工作实际，加强审理工作规范化制度化建设，保障相关工作制度和措施要求落地生根。上级纪检监察机关和案件审理部门要加强对下级机关和部门贯彻落实情况的监督检查，发现问题及时整改、报告，确保工作落实到位，不断提升各级纪检监察案件审理工作规范化、专业化水平。

《意见》是案件审理工作高质量发展的基本遵循，必将有力助推新时代纪检监察工作实现高质量发展。各地各部门一定要抓住契机，乘势而上，积极作为，努力开创案件审理工作新局面。

九、准确把握监督执纪工作规则要义 *

打铁必须自身硬。纪检监察机关是党内监督和国家监察的专责机关，肩负着党和人民的重托，承担着庄严神圣的使命，既要敢于斗争、善于斗争、担当尽责，又要以铁纪建铁军，做到执纪者必先守纪，律人者必先律己。2018 年 12 月 28 日，中共中央办公厅印发的《中国共产党纪律检查机关监督执纪工作规则》（以下简称《规则》），是党中央在新时代新征程给纪检监察机关定的制度、立的规矩，体现了党对纪律检查工作的统一领导，是构建党统一指挥、全面覆盖、权威高效监督体系的重要举措，是深化党的纪律检查和国家监察体制改革的迫切需要，也是总结纪检监察机关自身建设经验、做到正人先正己的现实要求。

党的十八大以来，以习近平同志为核心的党中央坚定不移推进全面从严治党，在强调各级党委（党组）强化政治担当、履行主体责任的同时，高度重视压实纪检监察机关的监督责任，对纪检监察机关的职责定位、履职方式、自身建设等提出明确要求。习近平总书记每年在中央纪委全会上的重要讲话，无不强调加强纪检监察队伍建设，这些重要论述和要求为加强纪检监察机关自身建设，严格规范和约束纪检监察权力指明了方向、提供了遵循。

《规则》深入贯彻习近平新时代中国特色社会主义思想和党的十九大精神，以党章为根本遵循，坚持和加强党对纪律检查工作的统一领导，坚决维护习近平总书记党中央的核心、全党的核心地位，坚决维护党中央权威和集中统一领导，总结党的十八大以来纪检监察体制改革理论、实践、制度创新

＊ 夏晓东，中央纪委国家监委法规室副主任。

成果，强化内控机制，细化监督职责，着力建设一支忠诚坚定、担当尽责、遵纪守法、清正廉洁的纪检监察队伍，推动全面从严治党向纵深发展。

由党中央给纪检监察机关定制度、立规矩

为落实习近平总书记和党中央要求，2017 年 1 月，十八届中央纪委七次全会审议通过《中国共产党纪律检查机关监督执纪工作规则（试行）》（以下简称《规则（试行）》），对纪检监察机关履行职责的权限和程序作出规范，体现了纪检监察机关坚持刀刃向内，把自身权力关进制度笼子的高度自觉。实践表明，《规则（试行）》对纪检监察机关强化自我监督约束、履行好职责使命发挥了重要作用。党的十九大对推动全面从严治党向纵深发展作出战略部署，也为深化纪检监察体制改革指明方向，新形势新任务对纪检监察机关履职尽责和自身建设都提出新的更高要求。当前，全面从严治党取得新的重大成果，反腐败斗争取得压倒性胜利，但反腐败斗争还没有取得彻底胜利，反腐败斗争形势依然严峻复杂。取得全面从严治党更大战略性成果，巩固发展反腐败斗争压倒性胜利，任务艰巨而繁重。在这个大背景下，党中央在中央纪委《规则（试行）》的基础上制定新的《规则》，上升为中央党内法规，由党中央给纪检监察机关定制度、立规矩，不仅仅是提升法规位阶和效力，更是充分体现了以习近平同志为核心的党中央对纪检监察工作的高度重视，体现了党中央完善党和国家自我监督的坚定决心，体现了对纪检监察机关行使权力慎之又慎、自我约束严之又严的一贯要求，必将极大地激励各级纪检监察机关和广大纪检监察干部增强政治责任感和使命感，忠实履行党章和宪法赋予的职责，以更高的标准、更严的要求加强自身建设，当好党和人民的忠诚卫士。

坚持和加强党对纪律检查工作的统一领导

坚持党对一切工作的领导，坚持党中央集中统一领导，维护党中央权

威，巩固党的团结一致，保证党的政治纲领和政治目标实现，是纪检监察机关最重要、最根本的使命和责任。纪检监察机关是党的政治机关，必须旗帜鲜明讲政治，自觉在党中央坚强领导下开展工作。《规则》开宗明义，强调立规的目的是"加强党对纪律检查和国家监察工作的统一领导"；规定监督执纪工作的首要原则是"坚持和加强党的全面领导"，强调牢固树立"四个意识"，坚定"四个自信"，做到"两个维护"，体现监督执纪工作的政治性；专章规定领导体制，规定"中央纪律检查委员会在党中央领导下进行工作"，"地方各级纪律检查委员会和基层纪律检查委员会在同级党的委员会和上级纪律检查委员会双重领导下进行工作"，明确"党委应当定期听取、审议同级纪律检查委员会和监察委员会的工作报告，加强对纪委监委工作的领导、管理和监督"，要求纪检监察机关应当严格执行请示报告制度，中央纪委定期向党中央报告工作，重大事项、重要问题及时向党中央请示报告，既要报告结果也要报告过程；在监督检查、线索处置、谈话函询、初步核实、审查调查、审理等各章中，都规定了重要事项向党委请示报告的具体报批程序，以更好地落实党委主体责任，加强党对纪律检查工作的统一领导。

专章规定监督检查，强调监督是纪检监察机关的基本职责、第一职责

党的十九大对健全党和国家监督体系作出部署，要求构建党统一指挥、全面覆盖、权威高效的监督体系。党的纪律检查机关和国家监察机关是党和国家自我监督的专责机关，纪委的职责是监督执纪问责，监委的职责是监督调查处置，纪委监委第一位的职责都是监督。纪检监察体制改革很重要的一条，就是紧紧围绕监督这个基本职责、第一职责，把监督挺在前面，加强对权力的监督，保证权力正确行使。《规则》专设"监督检查"一章，就是要坚持不懈地探索强化监督职能，敢于监督、善于监督、规范监督，使监督更加聚焦、更加精准、更加有力。强调党委（党组）在党内监督中履行主体责

任，纪检监察机关履行监督责任，将纪律监督、监察监督、派驻监督、巡视监督结合起来；明确把增强"四个意识"、坚定"四个自信"、做到"两个维护"、贯彻执行党和国家的路线方针政策以及重大决策部署等，作为监督检查的重点；规定党内监督情况专题会议、信访举报、党员领导干部廉政档案、干部选拔任用党风廉政意见回复、纪律检查建议或者监察建议等制度，完善监督检查的方式方法；强调纪检监察机关应当结合被监督对象的职责，加强对行使权力情况的日常监督，发现苗头性、倾向性问题或者轻微违纪问题，及时约谈提醒、批评教育、责令检查、诫勉谈话，提高监督的针对性和实效性。

体现纪委监委合署办公要求，推动监督执纪和监察执法统一决策、一体运行

党的十九届三中全会就深化国家监察体制改革作出部署，组建国家监察委员会，同中央纪律检查委员会合署办公，履行纪检、监察两项职责，实行一套工作机构、两个机关名称，实现党内监督和国家机关监督、党的纪律检查和国家监察有机统一，实现依规治党与依法治国有机统一。各级纪委监委合署办公，既执纪又执法，必须严格依规依纪依法行使权力、履行职责，善于运用法治思维和法治方式，把执纪和执法贯通起来。《规则》在指导思想中明确"全面贯彻纪律检查委员会和监察委员会合署办公要求"，在领导体制中规定"把执纪和执法贯通起来"。《规则》还具体在管辖范围、监督检查、线索处置、审查调查、审理、请示报告、措施使用等各个环节，建立健全统一决策、一体运行的执纪执法工作机制，扣紧纪委监委监督执纪和监察执法的链条，体现促进执纪执法贯通、有效衔接司法的要求，实现执纪与执法同向发力、精准发力，把制度优势转化为治理效能。

整合规范纪检监察工作流程，
强化内部权力运行的监督制约

纪检监察机关忠实履行党章和宪法赋予的重大责任，必须不断健全既相互协调又相互制约的执纪执法权力运行机制，扎紧纪检监察机关自我监督的制度笼子，努力实现新时代纪检监察工作高质量发展，推进反腐败工作法治化、规范化。《规则》立足有效监督制约，在健全内控机制、优化工作流程上着力，针对实践反映的问题和权力运行风险点作出严格规范，在线索处置、谈话函询、初步核实、审查调查、案件审理等环节，规定了具体审批事项，体现了全程管控、从严把关。在线索处置环节，明确信访举报部门归口受理信访举报，案件监督管理部门对问题线索实行集中管理、动态更新、定期汇总核对，确保对问题线索处置全程可控；在谈话函询环节，规定谈话函询之前要严格审批，谈话内容应当制作谈话笔录，必要时对谈话函询的说明情况进行抽查核实；在初步核实环节，规定经严格审批启动初步核实程序，对具有可查性的问题线索扎实开展初核，收集客观性证据，确保真实性和准确性；在审查调查环节，突出强调党委（党组）对审查调查处置工作的领导，严格报批程序，明确审批权限，严格管控措施使用，强调重要取证工作必须全程录音录像，纪检监察机关相关负责人通过调取录音录像等方式，加强对审查调查全过程的监督；在案件审理环节，规定纪律处理或处分必须坚持民主集中制原则，集体讨论决定，坚持审查调查与审理相分离，审查审理和复议复查相分离，做到事实清楚、证据确凿、定性准确、处理恰当、手续完备、程序合规，严格依规依纪依法审核把关。

总结纪检监察机关自身建设经验，
进一步严格监督管理措施和要求

监督者更要接受监督。各级纪检监察机关要以更高的标准、更严的纪律要求自己，提高自身免疫力。广大纪检监察干部选择了这份事业，就要经得起磨砺、顶得住压力、打得了硬仗。党的十八大以来，各级纪检监察机关坚持刀刃向内，强化自我约束，自觉清理门户，坚决防止"灯下黑"。党的十九大之后，纪检监察机关不断加强内部管理监督，实行监督检查、审查调查部门分设、职能分离，开展"一案双查"，严肃查处纪检监察干部违规违纪违法问题，取得了较好效果。《规则》落实习近平总书记对纪检监察队伍建设的新要求，专设监督管理一章，进一步强调纪检监察机关要强化自我监督，自觉接受党内监督、社会监督和群众监督，规定了多项自我监督制度，比如干部准入、设立临时党支部、打听干预案情报告备案、回避、脱密期管理、安全责任制等制度。强调加强纪检监察机关党的政治建设、思想建设、组织建设以及干部队伍作风建设，对私存线索、跑风漏气、以案谋私等行为，严肃追究纪律和法律责任，建立办案质量责任制，对失职失责造成严重后果的，实行终身问责。通过强化监督管理，不断健全纪检监察机关内控机制，从严从实加强纪检监察队伍建设，打造忠诚干净担当的纪检监察铁军。

第四部分
用好问责利器

一、精准规范问责　推进全面从严治党[*]

在全党深入开展"不忘初心、牢记使命"主题教育之际，党中央修订颁布《问责条例》，充分彰显了我们党勇于进行自我革命、纵深推进全面从严治党的坚定决心和鲜明导向。我们要认真学习贯彻，提高政治站位，强化责任担当，精准规范实施问责，持续推进风清气正的政治生态建设，激励各级干部担当实干、奋发有为，加快建设富裕美丽幸福现代化江西，努力描绘好新时代江西改革发展新画卷。

深刻认识修订《问责条例》的重大意义

中国特色社会主义进入了新时代，全面从严治党面临不少新情况新问题。修订《问责条例》，是适应新的形势、任务和要求，充分运用党的十九大以来从严管党治党的新鲜经验，与时俱进推动党内法规制度创新的又一重大成果，彰显了问责工作的政治性、精准性和实效性，对深入推进全面从严治党、持续净化党内政治生态具有重大意义。

为坚决做到"两个维护"提供有力保障。"两个维护"是党的十八大以来我们党的重大政治成果和宝贵经验，是我们党最重要的政治纪律和政治规矩。当今世界正经历百年未有之大变局，我国正处于实现中华民族伟大复兴的关键时期，越是在重大历史关头，越是形势任务艰巨复杂，我们越要树牢

＊　刘奇，江西省委书记、省人大常委会主任。

"四个意识"、坚定"四个自信"、坚决做到"两个维护"，始终与以习近平同志为核心的党中央同心同向、步调一致。新修订的《问责条例》把"两个维护"作为根本原则和首要任务，将保证党的路线方针政策和党中央重大决策部署贯彻执行作为重中之重，必将督促各级党组织和领导干部坚守初心使命、强化绝对忠诚，严守党的政治纪律和政治规矩，确保党中央各项决策部署落地生根、开花结果。

为强化管党治党政治责任擦亮制度利器。习近平总书记强调，有权必有责，有责要担当，失责必追究。新修订的《问责条例》坚持目标导向和问题导向相统一，进一步明确问责主体职责、丰富问责情形、规范问责程序，着力防止问责不力和泛化简单化，必将进一步强化问责工作的严肃性和权威性，促进各级党组织和领导干部把从严管党治党的政治承诺转化为具体行动，真正做到为党分忧、为党担当、为党尽责。

为激励各级干部担当实干注入强大动能。问责只是手段，负责才是目的。新修订的《问责条例》完善问责原则，在强调失责必问、问责必严的同时，增加严管和厚爱结合、激励和约束并重等内容，规定不予或免予问责、从轻或减轻问责和从重或加重问责等情形，还增加了正确对待被问责干部的有关条款，做到既坚持原则、严格问责，又区别情况、分类处理，必将极大地激发各级干部的责任意识和担当精神，推动各项工作更好落到实处。

准确把握《问责条例》的精神实质

全面从严治党永远在路上，问责工作必须持续从严。我们要深刻领悟蕴含其中的新理念、新要求，进一步推动管党治党走向严紧硬，确保党的全面领导更加坚强有力。

把握政治责任的属性，注重抓住"关键少数"。新修订的《问责条例》聚焦管党治党政治责任，坚持严字当头，规定了党组织领导班子、主要负责人和班子成员的责任，列出了失职失责"负面清单"，划出了担当底线、问责红线。我们要从坚决做到"两个维护"的政治高度，切实把管党治党责任扛在肩上、工作抓在手上，坚持真管真严、敢管敢严、长管长严，对破底线、越红线的行为敢于较真碰硬，坚决把该打的板子打下去。特别是各级党组织主要负责人要当好关键引领、尽到关键责任、发挥关键作用，以对党和人民负责、对本地区本单位政治生态负责的精神，严格自律，抓好班子、带好队伍，真正当好管党治党的"施工队长""铁面书记"。

把握实事求是的原则，坚持规范精准问责。新修订的《问责条例》进一步明确了问责情形、问责程序，特别强调党组织、党的领导干部滥用问责，或者在问责工作中严重不负责任、造成不良影响的，应当严肃追究责任。我们要坚持实事求是、重在精准，切实把纪法约束的硬度、批评教育的力度、组织关怀的温度统一起来。对形式主义、官僚主义问题，对怕作为、不作为、假作为、乱作为的典型案例，通报曝光、坚决问责。同时，综合考虑主客观因素，是谁的责任就追究谁的责任，是哪个层级的责任就追究哪个层级的责任，做到严肃问责、规范问责、精准问责、审慎问责，着力提高问责工作的精准度，真正达到问责一个、警醒一片、教育一方的功效。

把握宽严并济的导向，做到严管厚爱相结合。这是新修订的《问责条例》的一个鲜明特点，既具有很强的现实针对性，又使问责工作更加有温度。我们要把贯彻落实《问责条例》与健全完善容错纠错机制结合起来，综合运用好监督执纪"四种形态"，进一步规范和细化问责的情形、程序、标准，切实做到严管和厚爱结合、激励和约束并重。高度重视做好问责工作的"后半篇文章"，对受到处理的同志加强教育引导，让他们放下包袱、轻装前进；正确对待被问责干部，对知错改错的，影响期满后，符合条件该使用的继续使用；严肃查处诬告陷害行为，及时为受到不实反映的干部澄清正名，激励各级干部敢闯敢试、担当负责，努力争当改革发展的促进派和实干家。

把握同向发力的要求，强化主动问责意识。新修订的《问责条例》明确，问责主体是各级党委（党组）、纪委及其派驻（派出）机构、党的工作机关。我们要牢固树立全面从严治党靠全党、管全党、治全党的理念，防止片面地把问责当作哪一级或哪一个部门的事情，更不能靠纪检监察机关"单打独斗"。严格落实党委（党组）问责主体责任，健全责任分解、层层传导、监督检查、倒查追责的工作链条。党的工作机关要依据职能履行好监督职责，实施好本机关本系统本领域的问责工作，与纪委同向发力、密切协作，形成强化问责的整体合力，推动全面从严治党向纵深发展。

认真抓好《问责条例》的贯彻执行

制度的生命在于执行。我们要把学习贯彻《问责条例》作为重大政治任务，让有责必履、失责必问、问责必严成为管党治党的常态，切实把制度的刚性立起来，推动形成人人有责、人人尽责的生动局面。

抓学习促入脑入心。坚持把学习贯彻《问责条例》与正在开展的"不忘初心、牢记使命"主题教育结合起来，组织党员干部认真学习、对照检视，学深悟透基本精神，准确把握问责原则、问责主体、问责情形、问责方式、问责程序等，真正做到内化于心、外化于行，切实把《问责条例》要求转化为担当行动。加大宣传阐释力度，充分发挥主流媒体和新兴媒体作用，通过专题策划、在线访谈、网上答题等形式，着力提高学习宣传的覆盖面和实效性。

抓责任促压力传导。全面落实党委（党组）从严治党主体责任，强化主要负责同志第一责任人的责任，引领班子成员落实"一岗双责"，推动责任传导层层分解、有效落实，形成一级抓一级、层层抓落实的局面。坚持敢于问责、善于问责，准确把握《问责条例》规定问责的各种情形，抓住典型问题，正确运用问责方式，严格问责工作程序，铁面执纪问责，充分发挥震慑和警示效应。抓住贯彻落实《问责条例》的契机，进一步推动各级纪委转职能、转方式、转作风，综合运用监督执纪"四种形态"，严肃认真做好日常监督工作，不断提高监督执纪问责的制度化、规范化水平。

抓贯彻促落地生根。根据新修订的《问责条例》，结合省情实际细化制定具体的实施办法，完善问责机制、规范问责程序、明确问责措施、强化结果运用，推动各项规定要求落到实处。坚持把贯彻执行《问责条例》纳入落实党风廉政建设责任制检查考核、领导班子和领导干部年度考核，作为巡视巡察和派驻监督重点，加强监督检查，对贯彻执行不力、随意变通等问题，坚决督促整改纠正。加大问责典型案例通报曝光力度，强化教育警示功能，强化责任意识、倒逼责任落实，持续建设风清气正的良好政治生态，为描绘好新时代江西改革发展新画卷提供坚强保障。

二、用好问责利器　激发责任担当[*]

权力就是责任，责任就要担当。新中国成立 70 周年之际，党中央修订《中国共产党问责条例》（以下简称《问责条例》），既是对问责追责的有力部署，也是对担当尽责的鲜明号召，释放出以精准问责激励干事创业、担当作为的强烈信号，体现了推动全面从严治党向纵深发展的顽强意志和坚定决心，对推进"四个伟大"必将产生重大而深远的影响。山东各级党组织和广大党员干部认真学习、深刻领会、全面贯彻新修订的《问责条例》，以严肃规范问责推动党的十九大精神和党中央重大决策部署落实落地。

实现问责制度与时俱进，把全面从严治党利器
打磨得更加锋利

修订《问责条例》是习近平新时代中国特色社会主义思想的成果体现。习近平总书记围绕问责工作发表了一系列重要论述，突出问责的政治性，强调"真正把落实管党治党政治责任作为最根本的政治担当，紧紧咬住'责任'二字，抓住'问责'这个要害"；注重问责的精准性，指出"问责的内容、对象、事项、主体、程序、方式都要制度化、程序化"；增强问责的实效性，要求"以问责常态化促进履职到位，促进党的纪律执行到位"；等等。习近平总书记的重要论述，揭示了管党治党基本规律，为我们做好问责工作、推进

＊　刘家义，山东省委书记、省人大常委会主任。

全面从严治党指明了方向、提供了遵循。

修订《问责条例》是加强党的领导、做到"两个维护"的必然要求。坚决维护习近平总书记党中央的核心、全党的核心地位，坚决维护党中央权威和集中统一领导，是问责工作必须坚持的最高政治原则和首要政治任务。党内问责本质上问的是政治责任，核心指向是看"四个意识"牢固不牢固、"四个自信"坚定不坚定、"两个维护"坚决不坚决。必须拿起问责利器，剑指践行"两个维护"中存在的种种问题，以强力问责确保全省各级党组织和党员干部与党中央同心同向、步调一致，确保习近平总书记重要讲话、重要指示批示精神和党中央重大决策部署落地生根。

修订《问责条例》是推动全面从严治党向纵深发展的重大举措。党的十八大以来，以习近平同志为核心的党中央紧紧抓住"责任"二字，失责必问、问责必严，推动管党治党从宽松软走向严紧硬，守土有责、守土尽责成为加强党的建设的鲜明特色和重要经验。修订《问责条例》，既是对党的十八大以来党内问责经验的固化和升华，也是适应新时代党的建设总要求、进一步规范问责工作的迫切需要。一刻不停歇地把全面从严治党推向纵深，从治标为主转向标本兼治，从解决面上问题转向解决深层次问题，必须把责任这个"牛鼻子"抓得更紧、压得更实，推动各级党组织和党员领导干部以担责尽责的实际行动诠释对党的忠诚。

准确把握精髓要义，推动问责工作更加科学严密有效

问责方向更加聚焦党的建设。新时代党的各项事业要有新气象，关键是党的建设要开创新局面。新修订的《问责条例》，根据党的十九大提出的新时代党的建设总要求，将党的建设责任缺失情形扩展细化，内容更实、指向更明、标准更高，给各级党组织和党的领导干部划出硬杠杠。反向的硬约束就是正向的严要求，必须把《问责条例》作为检验党建责任是否真正落实的镜子，时刻检视、补足差距。如果还是把党的建设当口号，没有把抓党建作为最大的政治责任，在管党治党上失责失位，搞蜻蜓点水、大而化之，问责

的"板子"必然会打下来。

问责理念更加关注群众利益。对群众有没有感情，是不是真心为群众办事，体现着党员干部的初心和使命。如果在群众最关心最直接最现实的利益问题上不作为、乱作为、慢作为、假作为，漠视甚至损害群众利益，党员干部就违背了党的宗旨，丢掉了初心使命，被问责理所当然。新修订的《问责条例》把侵害群众利益的情形单列一条，彰显了以人民为中心的发展思想。要把群众路线贯穿于问责工作全过程，做到人民群众反对什么、痛恨什么，问责工作就瞄准跟进、责无旁贷。

问责目的更加突出担当负责。问责不是为了惩治，而是推动担当作为，把该担的责任担起来；问责不是为了束缚手脚，而是激发斗争精神，勇于直面矛盾、开拓进取、攻坚克难；问责不是一问了之，而是严管和厚爱结合、激励和约束并重。新修订的《问责条例》贯彻落实习近平总书记关于"三个区分开来"的要求，既坚持失责必问、问责必严，又树起鲜明的干事导向。必须在严格依规依纪的基础上，善于运用政策策略，为担当者担当、为负责者负责，保护和激发党员干部的积极性、创造性，营造干事创业的良好氛围。

问责原则更加注重实事求是。能不能做到实事求是，关乎问责效果和党组织公信力。新修订的《问责条例》在程序上更加严密，从启动、调查、报告、审批、实施等各个环节予以全面规范，明确了审批流程，细化了操作指南。一事当前，该不该问责、问谁的责、问什么责，必须事实清楚、责任分明、证据确凿，这样才能让问责对象知错改正、心服口服。

真正让《问责条例》发力生威，
激发汇聚干事创业正能量

聚焦做到"两个维护"这一政治任务，确保党中央定于一尊的权威。做到"两个维护"是最根本的政治纪律和政治规矩，要把"两个维护"作为一条政治红线贯穿问责工作始终。做到"两个维护"不是虚的、不是口号，而是有具体内容，在问责工作中必须高高举起、实实落下。要聚焦贯彻落实党的路线方针政策和党中央重大决策部署，对有令不行、有禁不止，阳奉阴违、欺上瞒下的问责；聚焦贯彻落实习近平总书记视察山东重要讲话、重要指示批示精神，对不坚决不彻底、搞变通打折扣的问责；聚焦政治纪律和政治规矩，对搞"七个有之"、破坏党内政治生态、搞"两面派"做"两面人"的问责，督促各级党组织和党的领导干部树牢"四个意识"、坚定"四个自信"、做到"两个维护"，强化政治担当，做政治上的明白人。

抓住党委（党组）这一主推力量，夯实问责主体责任。党委（党组）是问责工作的主体。一些地方之所以问责不力，很重要的原因是党委（党组）对问责认识有偏差，有的该问责却不主动问责，有的片面把问责当作纪委的事，有的把问责简单作为推动工作的手段。对党委（党组）来说，要加强对本地区本部门问责工作的领导，既管结果，又管过程，解决好"干什么"的问题；一把手要亲自抓、作表率，既挂帅、又出征，重要问题亲自部署、亲自过问，不当"甩手掌柜"，解决好"谁来干"的问题；要落实到具体人、具体事，有抓手、有载体，不能空对空，解决好"如何干"的问题。各级党委（党组）要认真履行全面从严治党主体责任，领导纪委和党的工作机关积极开展问责工作。各级纪委要担负起监督专责，协助同级党委开展好问责工作。组织、宣传、统战、政法等部门也要抓好本领域本系统的问责工作，齐抓共管、形成合力。

把握精准规范这一基本要求，提高问责工作实效。问责是政治性、政策性很强的工作，只有精准运用才能取得好的效果。问准对象。新修订的《问责条例》明确指出，问责对象是党组织、党的领导干部。领导干部不认真履行责任，出了问题被问责天经地义。在这个问题上，必须把自己摆进去、把职责摆进去、把工作摆进去，该担的责任担起来，坚决杜绝上级犯错下级"背锅"的现象。把准程序。严格遵循问责工作流程，保证问责的科学性、严肃性、权威性，防止随意性、选择性问责。对那些一不高兴、一拍脑袋就草率问责的，也要严肃问责。精准处理。作出问责决定必须以事实清楚、证据确凿为前提和基础，综合考虑主客观因素，区别不同情况，依规依纪处理，不偏不倚、不枉不纵，力求政治效果、纪法效果、社会效果相统一。

围绕担当作为这一鲜明导向，提振干事创业精气神。干部敢于担当，既是政治品格，也是从政本分。"问责"和"干事"绝不是对立的，问责的目的是促进事业发展。要用问责激发干部的担当作为，整治庸懒散、假虚空、等拖靠，坚决反对"过度留痕""责任状满天飞"。要做好被问责干部的关心关爱、帮扶教育、跟踪回访工作，使其通过组织的关怀激发斗志、重燃激情。要敢于容错纠错，对改革中出于公心、先行先试出现失误的干部，主动包容、免予问责，充分体现问责工作的温度，真正通过问责压实责任、鼓足干劲，问出生产力、战斗力，激发干事创业正能量。

三、加强党的领导　科学开展问责 *

问责是我们党管党治党的利器，是激励党员干部担当履责的重要举措。习近平总书记反复强调，有权必有责、有责要担当、失责必追究。中共中央新修订的《中国共产党问责条例》（以下简称《问责条例》），是充分运用党的十九大以来从严治党新鲜经验，与时俱进推进党的制度建设的又一重大成果，彰显了我们党不忘初心、牢记使命，推进全面从严治党向纵深发展的坚定决心。我们要认真学习领会，结合生态环境部门实际，切实抓好贯彻落实。

以实际行动践行"两个维护"

坚决维护习近平总书记党中央的核心、全党的核心地位，坚决维护党中央权威和集中统一领导，是党的十八大以来我们党的重大政治成果和宝贵政治经验，是我们党最根本的政治纪律和政治规矩，是我们党在新时代革命性锻造中形成的普遍共识和共同意志。

新修订的《问责条例》把"两个维护"作为根本原则和首要任务，在第一条就强调立规目的是"为了坚持党的领导，加强党的建设，全面从严治党，保证党的路线方针政策和党中央重大决策部署贯彻落实"；"指导思想"明确了习近平新时代中国特色社会主义思想的指导地位，增加"增强'四个意识'，

＊　李干杰，时任生态环境部党组书记、部长。

坚定'四个自信',坚决维护习近平总书记党中央的核心、全党的核心地位,坚决维护党中央权威和集中统一领导"等内容;问责情形新增"在重大原则问题上未能同党中央保持一致,贯彻落实党的路线方针政策和执行党中央重大决策部署不力"等内容,并在"从重或者加重问责"的情形中强调"对党中央、上级党组织三令五申的指示要求,不执行或者执行不力的"条目。这些修订对于督促各级党组织和党的领导干部深入贯彻习近平新时代中国特色社会主义思想,始终同党中央保持高度一致,坚决听从党中央号令,不折不扣地贯彻执行党的路线方针政策和党中央重大决策部署具有重要意义。

生态环境保护是一项业务性很强的政治工作,事关党对人民的庄严承诺,直接影响民心向背,影响党的执政根基。2017年7月,中共中央办公厅、国务院办公厅就甘肃祁连山国家级自然保护区生态环境问题发出通报,甘肃省委、省政府以及包括3名省部级领导在内的多名党员领导干部被问责。分析此类事件,被问责的根本原因就是,有关党组织和领导干部落实习近平总书记重要批示指示精神不严肃、不认真、不担当,落实党中央关于生态文明建设的决策部署不坚决不彻底、搞变通打折扣。

我们要以此为镜鉴,全面贯彻习近平新时代中国特色社会主义思想和党的十九大精神,以党章为根本遵循,按照新修订的《问责条例》要求,坚持和加强党对问责工作的统一领导,进一步压实各级党委(党组)、纪委、党的工作机关开展问责工作的政治责任,推动各级党组织和党员干部不断增强思想自觉政治自觉行动自觉,始终同以习近平同志为核心的党中央保持高度一致,做到党中央提倡的坚决响应、党中央决定的坚决执行、党中央禁止的坚决不做,确保党的领导有力有效体现到生态环境保护工作的各方面和全过程。

不断夯实生态环境保护政治责任

生态环境是关系党的使命宗旨的重大政治问题,也是关系民生的重大社会问题。地方各级党委和政府要对本行政区域的生态环境保护工作及生态环境质量负总责，各相关部门要履行好生态环境保护职责，管发展的、管生产的、管行业的部门都要按照"一岗双责"的要求管好环保，这是党中央的明确要求。习近平总书记在 2018 年召开的全国生态环境保护大会上强调，对那些损害生态环境的领导干部，要真追责、敢追责、严追责，做到终身追责。

党的十八大以来，我们将生态环境质量只能更好、不能变坏作为地方党委和政府生态环境保护的责任底线，将生态环境保护主要目标指标层层分解，完善工作考核评价机制，加大责任追究力度，实行严格问责，全面落实地方党委和政府的生态环境保护责任。全面开展中央生态环境保护督察，紧盯党委和政府，既查不作为、慢作为，又查乱作为、滥作为，严肃追责问责。但由于生态环境损害责任追究是一项新的工作，各地对问责工作认识程度不完全一致，在问责的组织形式、情节认定、条规适用上不尽统一，在问责具体把握上地区间差异较大。一些地方存在问责简单化、问责流于形式、问责不严肃不精准，甚至出现"应景""顶包"问责的情况，影响了问责工作的政治效果、纪法效果和社会效果。

新修订的《问责条例》在问责原则中新增"权责一致、错责相当""集体决定、分清责任"，规定"对党组织问责的，应当同时对该党组织中负有责任的领导班子成员进行问责"，要求党组织和党的领导干部不得向下级党组织和干部推卸责任，并增加对问责程序的具体规定，从启动、调查、报告、审批、实施等各个环节对问责工作予以全面规范。特别是明确问责对象申诉的权利及程序，规定对不应当问责、不精准问责的，及时予以纠正；对滥用问责或者在问责工作中严重不负责任的应当严肃追究责任。

我们要认真学习贯彻新修订的《问责条例》，进一步明确问责主体职责，规范生态环境损害责任追究工作，尤其是进一步规范蓝天保卫战量化问责、中央生态环境保护督察移交问责沟通和地方督察问责工作，着力防止问责不力和泛化简单化，依规依纪依法做到严肃问责、规范问责、精准问责、慎重问责，真正起到问责一个、警醒一片、教育一方的作用，不断夯实各级地方党委、政府及其有关部门生态环境保护政治责任。

加快打造生态环境保护铁军

建设一支政治强、本领高、作风硬、敢担当，特别能吃苦、特别能战斗、特别能奉献的生态环境保护铁军，这是习近平总书记在全国生态环境保护大会上提出的明确要求，也是打好打胜污染防治攻坚战这场硬仗、大仗、苦仗的现实需要。

当前生态环境系统全面从严治党工作形势依然严峻，一些重点领域和关键环节仍面临较大的廉政风险，形式主义和官僚主义问题依然存在，违反中央八项规定及其实施细则精神的情况仍有发生。这些问题存在的背后，是有的部门和单位落实全面从严治党政治责任不到位，在党的建设方面仍然存在宽松软的现象；有的基层纪检组织履行监督的职责还不到位，不敢监督、不会监督的问题仍然存在。党的十八大以来生态环境部系统被查处的党员干部中，因履行全面从严治党主体责任、监督责任不到位受到处分的党员领导干部有 22 人次。

新修订的《问责条例》对问责对象进一步作出明确界定，"问责对象是党组织、党的领导干部，重点是党委（党组）、党的工作机关及其领导成员，纪委、纪委派驻（派出）机构及其领导成员"；针对党内存在的思想不纯、政治不纯、组织不纯、作风不纯等突出问题，将原条例中党的建设缺失情形进行拓展，对维护党的纪律不力等情形进行细化，具体明确为党的政治建设抓得不实、党的思想建设缺失、党的组织建设薄弱、党的作风建设松懈、党的纪律建设抓得不严，以及推进党风廉政建设和反腐败斗争不坚决不扎实等问责情形，给党组织和党员干部划出更为清晰可见的高压线，对履职尽责提出了更严格的要求。

我们要认真学习贯彻新修订的《问责条例》，牢固树立抓党建是本职、不抓党建是失职、抓不好党建是渎职的理念，按照党委（党组）切实履行全面从严治党主体责任、纪委履行监督专责、党的工作机关依据职能履行监督职责的要求，形成问责合力，推动全面从严治党向纵深发展，打造生态环境保护铁军。一方面，准确把握问责情形，坚持失责必问、问责必严，该是谁的责任就问谁的责任，该追究到哪一级的责任就追究到哪一级，该问到什么程度就问到什么程度，该采取什么问责方式就采取什么问责方式。另一方面，注重严管和厚爱结合、激励和约束并重，旗帜鲜明地为敢干事、能干事的干部撑腰鼓劲，对影响期满、表现好的干部，符合条件的，按照干部选拔任用有关规定正常使用，努力营造生态环境保护铁军建设的良好氛围。

四、以精准规范问责压实管党治党政治责任 *

问责作为全面从严治党的利器，是唤醒责任意识、激发担当精神、永葆党的凝聚力和战斗力的重要制度安排。制度的生命力在于执行。贯彻执行好新修订的《中国共产党问责条例》（以下简称《问责条例》），我们必须把握"为什么问""谁来问""问的谁""问什么""怎么问"等核心要义，实现有权必有责、有责要担当、失责必追究。

新修订的《问责条例》，全面贯彻习近平新时代中国特色社会主义思想和党的十九大精神，吸收在问责实践中形成的新经验，提炼对问责工作规律的新认识，着力提高问责工作的政治性、精准性、实效性，为党和国家事业发展提供坚强的制度保障，必将进一步激励督促各级党组织和党的领导干部不忘初心、牢记使命，扛牢责任、担当作为，持续压实管党治党政治责任。

坚持和强化党的全面领导，坚决落实"两个维护"

党的领导是中国特色社会主义最本质的特征，是中国特色社会主义制度的最大优势，是做好党和国家各项工作的根本保证。坚持和加强党的全面领导，最重要和最关键的是落实"两个维护"。"两个维护"是我们党最根本的政治纪律和政治规矩，是党和国家前途命运所系，是全国各族人民根本利益所在。

＊ 穆红玉，重庆市委常委、市纪委书记、市监委主任。

新修订的《问责条例》通篇体现了增强"四个意识"、坚定"四个自信"、做到"两个维护"，将保证党的路线方针政策和党中央重大决策部署贯彻执行作为重中之重，系统阐释了"为什么问"。目的就是通过严肃规范问责，督促各级党委（党组）、纪委、党的工作机关敢于问责、善于问责，推动各级党组织和党的领导干部负责守责尽责，把党中央既定的行动纲领、战略目标、工作蓝图变为现实。增强"四个意识"、坚定"四个自信"、做到"两个维护"，是具体的不是抽象的，必须见人见事见行动，关键在于不折不扣地贯彻执行党的路线方针政策和党中央重大决策部署。

贯彻执行好问责制度，要深入贯彻习近平新时代中国特色社会主义思想，始终同党中央保持高度一致，坚决听从党中央号令，坚决贯彻落实党的路线方针政策和党中央重大决策部署，坚持和加强党对问责工作的领导，做到失责必问、问责必严，拔除管党治党政治责任不落实的钉子户，啃下体制机制改革的硬骨头，打通政令不通的关节点，确保上下贯通、执行有力。

压实问责主体职责，凝聚问责工作合力

勇于自我革命、从严管党治党是我们党最鲜明的品格。党的十八大以来，以习近平同志为核心的党中央把问责作为全面从严治党的利器，倒逼管党治党政治责任落到实处，不断实现"四个自我"，推动党和国家事业取得历史性成就、发生历史性变革。

新修订的《问责条例》聚焦"责任"二字，明晰"谁来问"，进一步明确和细化党委（党组）的全面从严治党主体责任，纪委的监督专责，党的工作机关的职能监督职责等，目的在于加强党对问责工作的统一领导，发挥各类主体的作用，以明责推动履责，以问责推动落实，层层传导压力、级级压实责任。明确"问的谁"，对问责对象进一步作出明确界定：问责对象是党组织、党的领导干部，重点是党委（党组）、党的工作机关及其领导成员，纪委、纪委派驻（派出）机构及其领导成员。

用好问责这一利器，首先要落实好问责主体责任。目前，实践中存在个

别问责主体履职缺位、各类问责主体作用发挥不平衡，甚至纪委（纪检组）"包打天下""唱独角戏"等情况。对此，各类问责主体应当强化责任担当，既要各司其职、各负其责，也要齐抓共管、同向发力。纪委作为党内监督的专责机关，首先要担负起监督专责的责任，对于职责范围内的问题，敢于较真碰硬，铁面问责。同时，协助同级党委，协同党的工作机关严肃问责，形成问责工作合力，进一步推动党的自我净化、自我完善、自我革新、自我提高，形成依靠党的自身力量发现问题、纠正偏差、推动创新、实现执政能力整体性提升的良性循环。

精准对照问责清单，校准问责标尺刻度

党的十九大报告强调，"全面推进党的政治建设、思想建设、组织建设、作风建设、纪律建设，把制度建设贯穿其中"。党的事业发展到哪里，党的建设就要推进到哪里，制度保障也要跟进到哪里。

新修订的《问责条例》全面贯彻党的十九大精神，针对党内存在的思想不纯、政治不纯、组织不纯、作风不纯等突出问题，对问责情形进一步拓展、完善、整合，将原来的 6 大类增加为 11 大类，全面明确了"问什么"，涵盖党的领导、党的建设和党的事业各个方面，内容更加具体、指向更加明确、责任更加清晰，形成管党治党失职失责问责情形全覆盖。11 大类问责情形，按照失职失责行为性质、具体表现以及后果影响等范式作出规定，划出问责红线、列出负面清单，指向清晰、靶向明确，成为问责这把尺子上清晰标注的刻度，既为问责工作提供了标尺，也为各级党组织和党的领导干部履职尽责提供了对照。

充分发挥好问责的利器作用，要对照问责情形，精准把握问的是党组织和党的领导干部在党的建设、党的事业中失职失责的主体责任、监督责任、领导责任，防止把问责当作"筐"，泛化滥用、"沾边就问"等问题。同时，要倒逼各级党组织和党员领导干部进行对照检视，切实把负面清单转化为担当行动，把党的十九大绘就的宏伟蓝图一步一步变为美好现实。

规范问责权力运行，持续推进依规治党

全面从严治党必须坚持严字当头，做到失责必问、问责必严。同时，问责是严肃的政治工作，目的是督促党组织和领导干部强化责任意识，激励担当精神、倒逼责任落实，而不是束缚干部手脚。因此，全面从严治党、依规治党，必然要求牢固树立纪法思维和程序意识，把问责权力关进制度笼子，做到严肃问责、规范问责、精准问责、慎重问责。

新修订的《问责条例》坚持问题导向，体现严管和厚爱结合、激励和约束并重，着眼规范、精准，增加问责程序，对启动、调查、报告、审批、实施等各个环节进行全流程规范，为"怎么问"提供了路径遵循，目的是进一步提高问责工作科学化和规范化水平，确保依规依纪履行问责权力。

针对当前实践中存在的问责不力、程序不规范等现象和问题，我们应当坚持"依规依纪、实事求是""权责一致、错责相当""集体决定、分清责任"等工作原则，做到该是谁的责任就问谁的责任，该追究到哪一级的责任就追究到哪一级，该采取什么问责方式就采取什么问责方式，该问到什么程度就问到什么程度。同时，严格落实"三个区分开来"的要求，树立鲜明的干事导向，充分发挥问责工作激发党员干部担当作为的积极性作用，为全面从严治党取得更大战略性成果提供有力保障。

动员千遍，不如问责一次。在管党治党中充分释放《问责条例》的制度力量，必须以树牢"四个意识"、坚定"四个自信"、践行"两个维护"的政治自觉，把"严"的主基调长期坚持下去，敢于问责、善于问责，精准问责、规范问责，切实发挥问责一个、警醒一片、教育一方的效果。各级党组织和党的领导干部要把自己摆进去、把职责摆进去、把工作摆进去，做到知责、负责、守责、尽责，压实管党治党政治责任，以钉钉子精神贯彻落实党的十九大精神和党中央决策部署，以实际行动践行初心使命。

五、强化责任意识　激发担当作为 [*]

　　党的十八大以来，以习近平同志为核心的党中央把问责作为全面从严治党的利器，以明责推动履责、以问责推动落实，使失责必问、问责必严成为常态，"有权必有责、有责要担当、失责必追究"在全党上下成为共识，推动管党治党从宽松软走向严紧硬。此次党中央修订《中国共产党问责条例》（以下简称《问责条例》），以习近平新时代中国特色社会主义思想为指导，以党章为根本遵循，把"两个维护"作为根本原则和首要任务，聚焦管党治党政治责任，坚持严字当头，对党的问责工作原则、程序、方式等作出进一步规范和完善，进一步提高了党的问责工作的政治性、精准性、实效性。我们要认真学习贯彻落实，切实把《问责条例》的各项要求转化为具体行动。

　　聚焦政治性，推动驻在部门党组织坚决做到"两个维护"。《问责条例》把"两个维护"作为党的问责工作的指导思想，把保证党的路线方针政策和党中央重大决策部署贯彻落实作为重中之重，通过严肃规范问责把制度的刚性立起来。"两个维护"是具体的，不是抽象的，必须要体现在贯彻落实习近平总书记重要指示批示精神和党中央重大决策部署的具体行动上。我们要结合贯彻执行《问责条例》，督促驻在部门党组织坚决落实习近平新时代中国特色社会主义思想和党的十九大精神，始终在思想上政治上行动上同党中央保持高度一致，推动党中央部署的各项任务落实落地；督促中央企业牢记肩负的国家使命和政治责任，积极应对当前严峻复杂的国内外形势，特

---

　　[*]　陈超英，中央纪委常委、国家监委委员，驻国务院国资委纪检监察组组长，国务院国资委党委委员。

别是有效应对中美经贸摩擦，落实创新驱动发展战略，突出抓好供给侧结构性改革，聚焦主责主业，在加快关键核心技术攻关、解决"卡脖子"问题等方面取得新进展，有效防范化解重大风险、保障国有资产安全，为国家政治安全、经济安全、国防安全等提供坚强保障。

将《问责条例》贯彻执行情况作为派驻监督的重要内容，推动驻在部门党组织落实管党治党责任。压实管党治党政治责任，是制定《问责条例》的一项重要原则。针对一些地方和单位各类问责主体的作用发挥不平衡的问题，《问责条例》进一步细化了各类问责主体的职责，规定党委（党组）应当履行全面从严治党主体责任，加强对本地区本部门本单位问责工作的领导；纪委应当履行监督专责，协助同级党委开展问责工作，纪委派驻（派出）机构按照职责权限开展问责工作；党的工作机关应当履行监督职责，实施本机关本系统本领域的问责工作。其目的就在于加强党对问责工作的统一领导，发挥各类主体的作用，层层传导压力，推动责任落实。这为我们推动驻在部门党组织落实主体责任提供了重要制度遵循。我们要把《问责条例》的贯彻执行情况作为派驻监督重点，通过列席会议、专项检查、民主生活会督导等多种方式，加强监督检查，督促指导驻在部门党组织从严用好问责利器，切实让责任的意识强起来，把问责的"板子"打下去，以强有力的问责机制推动全面从严治党主体责任落实。

敢于问责、善于问责，增强党的问责工作规范化、精准性。针对近年来实践中出现的问责不到位、程序不规范、问责泛化简单化等突出问题，《问责条例》将原有的6类问责情形整合、细化、完善为11类，涵盖了党的领导、党的建设和党的事业各个方面，划出问责红线，列出负面清单，提出了更高更严的标准；增加了问责程序的规定，从启动、调查、报告、审批、实施等各个环节对问责工作予以全面规范。我们要把贯彻执行《问责条例》与落实《关于深化中央纪委国家监委派驻机构改革的意见》结合起来，牢牢把握职责定位，严格规范地开展党的问责工作。一方面，要紧紧围绕《问责条例》所列问责情形，结合巡视整改反馈意见，重点围绕"党的领导弱化，'四个意识'不强，'两个维护'不力"，党的政治建设、思想建设、组织建设、作风建设、纪律建设，以及推进党风廉政建设和反腐败斗争不坚决不扎实、"全面从严治党主体责任、监督责任落实不到位"、"落实巡视巡察整改要求走过场、不到位"等方面的问题，有针对性地提出问责建议，有关情况及时向中央纪委国家监委报告。另一方面，要加强对驻在部门党组织开展党的问责工作情况的监督。督促各级党组织严格执行《问责条例》中关于问责程序的各项规定，依规依纪依法精准问责，确保事实清楚、证据确凿、依据充分、责任分明、程序合规、处理恰当。要强化问责整改，推动被问责党组织认真制定整改方案，明确整改措施，不折不扣完成整改任务，同时以案促改，举一反三，实现"问责一个、教育一批"的实际效果。对不应当问责、不精准问责的，要及时予以纠正；对滥用问责，以问责下级代替上级、问责一般干部代替领导干部的，要严肃追究责任。

突出干事创业、担当作为的导向，形成建功新时代、争创新业绩的浓厚氛围。《问责条例》的一大特点和主要目的之一，就是突出了干事创业、担当作为的导向，明确问责的目的是督促党组织和领导干部强化责任意识，激发担当精神。当前，全面深化改革特别是国有企业改革已经进入攻坚阶段和深水区，亟须一批敢于担当、奋发有为的国有企业领导人员，勇于破除妨碍改革发展的体制机制弊端，推动国有企业实现高质量发展。我们要把贯彻执行《问责条例》与贯彻习近平总书记关于"三个区分开来"的重要指示精神结合起来，精准把握不予和免予问责、从轻和减轻问责的有关规定，慎重、恰当地实施问责，树立正向激励的鲜明导向，让他们放开手脚干事、甩开膀子创业。要把做好思想政治工作贯穿于问责工作全过程，深入细致地做好问责对象的思想工作，使他们充分感受到党组织的关怀和温暖，激发和调动企业党员干部更加积极地投身到中国特色社会主义事业中去，为做强做优做大国有资本、加快培育具有全球竞争力的世界一流企业贡献力量。

六、强化政治责任　精准规范问责 [*]

为深入贯彻党的十九大精神，激励广大党员领导干部不忘初心、牢记使命，党中央根据新的形势、任务和要求，总结提炼党的十八大以来问责工作的实践经验，坚持问题导向，对《中国共产党问责条例》（以下简称《问责条例》）进行了修订。这次修订的《问责条例》，全面贯彻习近平新时代中国特色社会主义思想和党的十九大精神，以党章为根本遵循，把"两个维护"作为根本原则和首要任务，聚焦管党治党政治责任，坚持严字当头，针对实践中出现的问责不力、泛化简单化等问题，着力提高党的问责工作的政治性、精准性、实效性，为党和国家事业发展提供坚强制度保障。

把"两个维护"作为根本原则和首要任务

坚决维护习近平总书记党中央的核心、全党的核心地位，坚决维护党中央权威和集中统一领导，是党和国家前途命运所系，是全国各族人民根本利益所在，也是修订《问责条例》的根本原则和首要任务。《问责条例》开宗明义地强调"为了坚持党的领导，加强党的建设，全面从严治党，保证党的路线方针政策和党中央重大决策部署贯彻落实"，制定本条例；在指导思想中，增加了"增强'四个意识'、坚定'四个自信'，坚决维护习近平总书记党中央的核心、全党的核心地位，坚决维护党中央权威和集中统一领导作为

＊ 艾俊涛，十九届中央纪委委员，宁夏回族自治区党委常委、纪委书记、区监委主任。

根本原则和首要任务"等内容；在问责情形中，对"'四个意识'不强、'两个维护'不力，党的基本理论、基本路线、基本方略没有得到有效贯彻执行""在重大原则问题上未能同党中央保持一致，贯彻落实党的路线方针政策和执行党中央重大决策部署不力""执行党中央决策部署表态多调门高、行动少落实差"等失职失责问题进行细化具体化；在"从重或者加重问责"情形中，首先便是"对党中央、上级党组织三令五申的指示要求，不执行或者执行不力的"情形。《问责条例》通篇贯穿增强"四个意识"、坚定"四个自信"、做到"两个维护"，充分体现了问责工作的政治性。

"两个维护"是具体的，不是抽象的，关键在于不折不扣地贯彻执行党的路线方针政策、党中央重大决策部署和习近平总书记重要指示批示精神。我们要以贯彻执行《问责条例》为契机，进一步强化政治责任，勇于担当作为、敢于善于问责，督促推动各级党组织和党员领导干部负责、守责、尽责，把党的十九大绘就的宏伟蓝图一步一步变为美好现实。

压实各级党组织开展问责的政治责任

党的领导是中国特色社会主义最本质的特征，是党和人民事业成功的根本保证。党的路线方针政策和党中央重大决策部署的贯彻执行，需要各级党组织来具体组织落实。党的问责工作，同样需要在党中央统一领导下，各级党组织各负其责，充分发挥职责作用，真正做到有权必有责、有责要担当、失责必追究。但实践中，一些地方各类问责主体的作用发挥不平衡，存在纪检监察机关"包打天下""唱独角戏"的现象，党委（党组）、党的工作部门主动问责不够，问责工作尚未形成强大合力。修订后的《问责条例》进一步细化各级党组织开展问责工作的职责，规定党委（党组）应当履行全面从严治党主体责任，加强对本地区本部门本单位问责工作的领导；纪委应当履行监督专责，协助同级党委开展问责工作；党的工作机关应当依据职能履行监督职责，实施本机关本系统本领域的问责工作。《问责条例》同时还规定，对于应当启动问责调查未及时启动的，上级党组织应当责令有管理权限的党组织启动，根据问题性质或者工作需要，上级党组织可以直接启动问责调查，也可以指定其他党组织启动。通过坚持和加强党对问责工作的领导，发挥各类主体的作用，进一步压实管党治党政治责任，做到层层传导责任压力，推动责任有效落实，让失责必问、问责必严成为常态，把制度的刚性立起来。

精准规范问责激发担当作为

精准、规范、有效问责，是督促推动各级党组织和领导干部负责守责尽责、激发担当作为的根本保证。2016年《问责条例》实施后，为完善问责制度积累了宝贵经验。新修订的《问责条例》坚持问题导向，注重精准问责，着力提高问责工作的科学化规范化水平。针对一些地方和部门"问下不问上""问领导干部少、问一般工作人员多"等问题，《问责条例》在新增"权责一致、错责相当""集体决定、分清责任"原则的同时，进一步对问责对象作了明确界定，细化了全面领导责任、主要领导责任、重要领导责任，规定"对党组织问责的，应当同时对该党组织中负有责任的领导班子成员进行问责"，要求党组织和党的领导干部注重从自身找问题、查原因，勇于担当、敢于负责，不得向下级党组织和干部推卸责任，进一步增强问责工作的科学性和精准性。针对一些地方和部门问责不到位和泛化简单化等问题，《问责条例》将原有的6大类问责情形细化为11大类，尤其是对党的建设方面的问责情形作了拓展，增加了履行管理监督职责不力、职责范围内发生严重事故事件，在涉及人民群众最关心最直接最现实的利益问题上不作为、乱作为、慢作为、假作为等问责情形。这些新增、拓展、细化的问责情形，给党组织和领导干部划出了一道道更为清晰可见的高压线，为履职尽责提出了更严格的要求。针对一些地方和部门在实践中存在问责程序不规范、随意性大等问题，《问责条例》健全规范了问责程序，从启动、调查、报告、审批、实施等各个环节都予以全面规范；规定要依规依纪依法开展调查，问责事实材料应当与调查对象见面，听取其陈述和申辩，调查结束后应当集体研究形成调查报告，精准提出处理意见；明确问责标准，强调问责要做到事实清楚、证据确凿、依据充分、责任分明、程序合规、处理恰当；强化上级党组织对问责工作的领导和监督；明确对不当问责的申诉、纠正和追责。通过完善规定，进一步规范问责程序标准，强化精准问责、严肃问责。

问责的目的不是将问责对象"一棍子打死"，而是为了更好地推进党的各项事业。新修订的《问责条例》明确"严管和厚爱结合、激励和约束并重"。一方面，坚持失责必问、问责必严；另一方面，落实"三个区分开来"的要求，促进各级党组织和领导干部牢记初心使命，增强斗争精神，勇于担当作为，努力创造经得起实践、人民、历史检验的实绩。

纪检监察机关要履行好监督专责

纪检监察机关是党内监督的专责机关，贯彻落实《问责条例》，必须首先把自己摆进去、把职责摆进去、把工作摆进去，认真履行监督专责，协助同级党委（党组）开展问责工作，用问责压实责任，用担当诠释忠诚，做党章党规党纪的模范执行者、党的路线方针政策的坚定捍卫者。要协助同级党委（党组）抓好《问责条例》学习宣传和贯彻落实，把学习贯彻《问责条例》与正在开展的"不忘初心、牢记使命"主题教育结合起来，组织党员干部进行对照检视，切实把《问责条例》要求转化为担当行动。要突出监督专责，紧紧牵住落实管党治党主体责任这个"牛鼻子"，综合运用述责述廉、谈话提醒等手段措施，督促各级党组织落实主体责任，履行问责职责，防止问责主体缺位。要强化协助职责，在"谁主管、谁问责"的基础上，通过统一归口管理问责工作，协调解决问责工作重大事项，建立健全问责统筹协调机制等手段，积极为党委（党组）主体责任落实提供有效载体，形成问责工作合力。要加强监督检查，把贯彻执行《问责条例》情况纳入巡视巡察监督和派驻监督重点，对该问责不问责的党组织和领导干部严肃追究责任。要从纪检监察机关自身做起严起，对监督责任缺失、"探头"作用没有发挥，该发现的问题没有发现，发现问题不报告不处置，该去问责而不问责的，要对纪检监察机关及其领导成员严肃问责。要把贯彻落实《问责条例》的成效体现在牢记初心使命、忠诚担当履职、严肃规范问责的实际行动上，为新时代推动党和国家事业健康发展提供根本保障。

第五部分
深化政治巡视

一、持续深化政治巡视　推动巡视高质量发展 *

十九届中央纪委三次全会对深化政治巡视作出重要部署，习近平总书记明确要求完善巡视巡察上下联动格局，高质量推进巡视巡察全覆盖。巡视机构要以习近平新时代中国特色社会主义思想为指导，坚持稳中求进总基调，按照十九届中央纪委三次全会部署，坚守职能定位，忠实履行职责，切实推动新时代巡视工作高质量发展，更好发挥巡视在全面从严治党中的战略作用，为巩固发展反腐败斗争压倒性胜利提供坚强保证。

深化政治巡视，强化政治监督

巡视是政治巡视，本质上是政治监督，必须把党的政治建设摆在首位，按照"六围绕一加强"和"五个持续"要求深化政治巡视，把"两个维护"作为根本任务，全面审视被巡视党组织工作。

坚决践行"两个维护"。践行"两个维护"关键要落到保障党的路线方针政策和党中央重大决策的部署贯彻落实上。巡视工作要坚持围绕中心、服务大局，强化政治监督，坚持党中央重大决策部署到哪里，巡视监督就跟进到哪里，加强对坚持稳中求进工作总基调、贯彻新发展理念、实现高质量发展、深化改革开放、打好三大攻坚战、实施重大战略、优化经济发展环境等政策措施落实情况的监督检查，督促党员领导干部把"两个维护"落实在实

---

* 中央巡视工作领导小组办公室。

际行动上，确保党中央令行禁止。

紧扣职能责任开展巡视监督。深化政治巡视，必须结合被巡视党组织的职能职责，看党的路线方针政策贯彻落实情况，看习近平总书记关于本地区本单位重要讲话和指示批示精神是否落实到位。十九届中央纪委三次全会强调，要紧扣职能职责，扭住责任不放，着力发现落实"两个保障"方面存在的责任问题、腐败问题、作风问题，违反党的"六项纪律"、搞"七个有之"等问题。这就要求抓住责任这个"牛鼻子"，紧盯"关键少数"，重点检查被巡视党组织落实主体责任、一把手落实第一责任人责任、领导班子成员落实"一岗双责"责任情况，强化追责问责。

把整治形式主义、官僚主义作为深化政治巡视的重要内容。形式主义、官僚主义是阻碍党的路线方针政策和党中央重大决策部署贯彻落实的大敌。现实生活中，有的学习传达中央精神不求甚解、照搬照抄，有的贯彻落实中央决策部署表态多调门高、行动少落实差，有的联系服务群众消极应付、冷硬横推，有的服务经济社会发展不担当、不作为、乱作为、假作为。巡视要把形式主义、官僚主义问题作为监督重点，着力发现并推动解决空泛表态、应景造势、敷衍塞责、出工不出力等突出问题，发挥政治监督、政治导向作用。

坚持有形覆盖和有效覆盖相统一，高质量推进全覆盖

推进巡视全覆盖是党章规定的硬任务。要认真贯彻巡视工作方针，突出问题导向，精准开展监督，使巡视全覆盖既有形又有效。

强化全覆盖统筹力。按照党中央部署，2018年中央巡视穿插安排常规巡视和专项巡视，在全覆盖路径和组织方式探索上积累了宝贵经验。要深入贯彻《中央巡视工作规划（2018—2022年）》，进一步加强统筹谋划，灵活开展常规巡视、专项巡视、机动巡视和"回头看"，精心安排任务，科学确定频次，确保完成一届任期内巡视全覆盖任务。坚持时间服从质量、进度服从效果，防止形式化、表面化，做到发现问题、形成震慑全覆盖，推动落实

管党治党责任全覆盖，增强党的意识、严明党的纪律全覆盖。

提高精准发现问题的能力。发现问题是巡视工作的生命线。要在"深、准、透、实"上下功夫，紧盯领导班子和"关键少数"，查找政治偏差。准确把握政治和业务的关系，善于从政治上发现问题，注重以下看上、由表及里、以点看面，透过现象看本质。坚持"靶向意识"，做好巡前准备，找准监督穴位，从严从实监督，不断提高巡视质量特别是发现问题的精准性，防止发现问题虚化、泛化。

增强巡视监督与纪检、监察、组织、审计等监督合力。要加强巡视监督与其他监督力量的协调协作，巡视前充分听取纪检监察、组织人事、信访、审计等部门的情况通报，巡视过程中密切配合协作，巡视结束后及时向有关部门移交问题和线索，实现有效对接、成果共享。坚持把巡视巡察与净化政治生态相结合，与整治群众反映强烈的问题相结合，与解决日常监督发现的突出问题相结合，形成监督合力，增强监督实效。

强化整改落实，扎实做好巡视"后半篇文章"

强化整改落实、扎实做好巡视"后半篇文章"是十九届中央巡视释放的一个鲜明信号，也是中央巡视深化发展的工作重点，必须作为一项重大政治任务抓紧抓实。

夯实整改主体责任。巡视整改是"四个意识"的试金石，整改不落实，就是对人民不负责。要坚持发现问题和整改落实并重，进一步压实整改主体责任，增强内生动力，以上率下、带头整改。对上轮巡视整改落实不到位和本轮巡视新发现的问题要一体整改，坚决防止"新官不理旧账"。改进反馈方式，坚持全面整改和重点整改相结合，反馈时列出需要重点整改的问题，以重点突破带动面上问题整改。巡视反馈后，被巡视党组织除在规定时间内向有关方面报送整改进展情况报告之外，每年还要定期报告整改情况，促进整改常态化长效化。

完善整改日常监督机制。日常监督弱化、缺位甚至缺失是巡视整改不到位的重要原因。习近平总书记明确要求，纪检监察机关和组织部门要担起整改日常监督责任。按照中央部署，纪检监察机关、组织部门要建立完善加强整改日常监督的工作机制，形成有序衔接、互为补充、协调一致的整改监督链条。巡视机构要建立健全与纪检监察机关和组织部门的协作配合机制，对巡视整改统筹协调和督促了解提出具体措施，确保巡视整改日常监督落实落地。

推进整改标本兼治。巡视反馈的许多问题，靠老办法、老套路不行，必须解放思想，创新思路、举措、机制。要把巡视整改与推进改革结合起来，与推进国家治理体系和治理能力现代化结合起来。2018年中央巡视机构向党中央、国务院有关领导同志通报的巡视情况，以及向中央深改委办公室等部门移交的专题报告，为全面深化改革提供了重要参考。要结合巡视发现的共性问题，剖析原因、堵塞漏洞，扎牢制度笼子，规范权力运行，深化标本兼治，一体推进不敢腐、不能腐、不想腐。

坚持中央统一领导、分级负责，完善巡视巡察战略格局

习近平总书记明确要求完善巡视巡察战略格局。要进一步加强领导，统筹推进省区市和中央单位巡视巡察工作，促进市县巡察向基层延伸，推动建立巡视巡察上下联动的监督网。

深化省区市巡视。坚持问题导向和目标导向相结合，推动省区市巡视深化发展、市县巡察规范推进，确保巡视巡察上下联动、同步发力。提升专项检查质量，探索机动式专项检查，加大专项检查整改力度。督促省级巡视机构加强对市县巡察工作的领导指导，层层压实主体责任。全面推广运用巡视巡察数据管理系统，研究制定巡视巡察信息化建设指导意见，提高巡视巡察信息化工作水平。探索建立巡视工作指导督导机制，建立下级巡视巡察机构定期向上一级巡视巡察机构报告工作制度。

推动中央单位巡视。按照三次全会部署，2019年将出台《中央单位开展巡视工作的指导意见（试行）》，这是规范和加强中央单位巡视工作的重要

举措。分类型分领域推动指导意见贯彻落实，全面推进中央单位巡视工作。完善报备制度，进一步压实中央单位党组（党委）巡视工作主体责任。在中央单位建立工作联系点，点对点开展调研和督导。加强培训辅导，办好首期中央单位巡视办主任专题培训班和中央单位巡视骨干人员培训班。完善"以干代训"制度，抽调中央单位巡视业务骨干到中央巡视一线锻炼培养。

促进市县巡察向基层延伸。始终坚持以人民为中心的政治立场，把人民拥护不拥护、赞成不赞成、高兴不高兴作为检验工作的根本标准，群众痛恨什么、反对什么，就重点巡视什么、纠正什么。十九届中央前两轮巡视共受理 49 万件信访件，发现和推动解决一批脱贫攻坚、教育医疗、食品药品安全等民生领域侵害群众利益的问题，取得良好的社会效果。要促进巡察工作向基层延伸，着力发现并推动解决人民群众反映强烈的突出问题，让广大人民群众有更多更直接更实在的获得感、幸福感、安全感，厚植党执政的政治基础。

从严从实加强队伍建设，切实提高巡视规范化水平

牢牢把握规范化建设这条主线，以实事求是、依规依纪依法为准绳，以完善机制制度为抓手，以加强队伍建设为保证，促进巡视工作深化发展。

坚持实事求是、依规依纪依法。这是开展巡视工作的基本原则，必须贯穿到巡视监督全过程各环节。要准确发现问题、客观分析问题、如实报告问题、有效解决问题。严格执行巡视报告问题底稿制度，凡是写进巡视报告的问题都要有底稿作支撑。严格按照党章、巡视工作条例和巡视组工作规则办事，严守职责边界，严禁超越权限，不干预被巡视地区（单位）正常工作，不履行执纪审查职责，使巡视工作经得起实践、人民、历史的检验。

规范工作制度。进一步完善工作制度、健全工作机制、细化工作规则，不断增强巡视工作的规范性。及时总结十九届中央巡视实践创新经验，把好的做法固化为制度。全面梳理完善现有制度，不断提高针对性和实效性。围绕巡视工作重点环节，优化程序、细化流程、严格标准。研究制定巡视组组

长负责制实施办法，明确巡视组副组长等岗位人员职责。健全完善各级巡视巡察办公室职能，做好"统筹协调、指导督导、服务保障"各项工作。

严格内部管理。根据党中央部署深入开展"不忘初心、牢记使命"主题教育，引导巡视干部自觉用习近平新时代中国特色社会主义思想武装头脑、指导实践、推动工作，在学懂弄通做实上下功夫，在结合实际创造性贯彻落实上下功夫，不断提升政治巡视水平。选好配强巡视干部，加大教育培训力度。通过"以干代训""上挂下派"等方式，提高巡视巡察干部履职能力，发挥巡视熔炉作用。加强作风和纪律建设，探索完善"巡视后评估"制度，强化自我监督和管理，打造忠诚坚定、担当尽责、遵纪守法、清正廉洁的巡视巡察铁军。

二、深化政治巡视　提升监督效能[*]

巡视是政治巡视，本质上是政治监督。深化政治巡视不仅是加强政治建设的重大举措，而且是提升政治监督效能的必然要求。推动全面从严治党向纵深发展，只有不断深化政治巡视，才能使政治监督落点更实、更准、更有力，巡视在全面从严治党中的战略作用才能得以更好发挥。

强化巡视内涵把握，推进政治监督具体化

推进政治监督具体化，根本是要深刻把握政治巡视内涵，以党的政治建设为统领，明确立足点、找准切入点，做到"纲举目张"。

要深刻把握巡视工作政治定位。习近平总书记强调，"巡视工作要明确职责定位"。党的十八大以来，政治巡视定位不断深化，每一次深化，都是根据新的形势任务需要的具体化，而对深化规律的准确把握是实现政治监督具体化的重要认识基础。

要深刻把握巡视监督根本任务。政治巡视的根本任务是督促做到"两个维护"，实践中要将其具体化为可视可验的衡量标准，主要是做到"两看"：看党的路线方针政策和党中央重大决策部署贯彻落实情况、看习近平总书记重要讲话和重要指示批示精神贯彻落实情况。山东省委对贯彻落实习近平总书记对山东工作重要指示要求梳理出 130 项任务清单，把检验清单落实

---

* 陈辐宽，山东省委常委、省纪委书记、省监委主任，省委巡视工作领导小组组长。

作为巡视的首选动作、硬性动作，紧盯不放，找差距、查原因、促整改。

要深刻把握被巡视党组织职责使命。履行好职责使命是党组（党委）践行"两个维护"的根本所在，也是具体体现。政治监督具体化的关键是要紧盯被巡视党组织政治责任，自觉把党的初心使命、巡视工作初心使命、被巡视党组织职责使命贯通起来落实，督促各级党组织自觉同党的基本理论、基本路线、基本方略对标对表，同党中央决策部署对标对表，紧密结合实际把党的路线方针政策和党中央重大决策部署落到实处。当前，山东落实习近平总书记重要指示精神，正在对部分县进行脱贫攻坚巡视"回头看"，盯住"关键少数"，查找政治偏差，推动如期全面打赢脱贫攻坚战。

强化巡视系统思维，推进政治监督常态化

"常态化"就是要让监督常在、震慑常在，让人无空子可钻。我们这个拥有9000多万名党员、460多万个基层党组织的大党，就像分布在祖国各地的一片片"森林"，每时每刻都在遵从着自然法则进行更新，也就可能出现"病树""歪树""烂树"，只有时刻治"病树"、正"歪树"、拔"烂树"，整片"森林"才能健康成长。这就要求政治监督不能是一时一事、时有时无，必须做到时间上无空当、空间上无盲区。

要坚持横向融合，让巡视的监督视野更宽。巡视的强大威慑力和生命力，很重要的一个方面就在于与纪律监督、监察监督、派驻监督等其他监督贯通融合，贯通得越深、融合得越紧，巡视监督效果就越好，对健全党和国家监督体系的促进作用就越突出。山东紧扣形成"四个全覆盖"权力监督格局，从省纪委机关和巡视机构首先"畅通"做起，做到工作部署、组织保障、制度机制、整改落实多管齐下，全方位贯通融合，确保政治监督常态化。

要坚持纵向贯通，让巡视的监督触角更长。抓住巡察这个巡视向基层延伸的具体抓手，不断完善上下联动监督机制这个关键，巡视巡察一体谋划、一体布局、一体推进，健全完善巡视监督体系。山东坚持向基层着力，出台《关于巡视巡察上下联动的办法》《关于对村（社区）党组织开展巡察工作的

暂行办法》等，提高对村巡察工作指导的精细度，打通全面从严治党的"最后一公里"。

要坚持多措并举，让巡视的监督方式更活。注意破解"巡视一阵、紧张一时"的问题，把常规巡、专项巡、机动巡、点穴巡有效结合，时常"回头看"，善杀"回马枪"，打好"组合拳"，变巡视"几年一遇"为"不期而遇"，让巡视出其不意。2019 年 8 月，山东刚结束十一届省委第五轮巡视，就立即对前四轮巡视过的 30 个地方、单位进行整改"回头看"，有效释放了监督常在的强烈信号。

强化巡视靶向治疗，推进政治监督精准化

政治监督体现政治性、权威性、严肃性，必须以精准为"生命线"，不能搞八九不离十，巡视干部不能当"差不多先生"。尤其是新时代，巡视工作进入高质量发展阶段，更要做到有的放矢、精准高效。

落实工作方针要精准。习近平总书记指出，推动巡视向纵深发展，根本在于贯彻中央巡视工作方针。必须坚持"两手抓"，一手抓发现问题这个生命线，一手抓推动解决问题这个落脚点；必须坚持"两手都要硬"，若有任何偏废，在贯彻巡视工作方针上都是不精准的。实践中，我们坚持做到巡视与抓好日常监督、深化改革完善制度、巩固深化主题教育成果结合起来，努力把巡视巡察纳入融入"三不"一体推进工作格局。

监督重点对象要精准。没有重点，就难谈精准。巡视监督不可能面面俱到、全面开花，不可能把所有党员都尽收眼底、盯住不放，必须突出重点、紧盯重点。要突出"关键少数"、聚焦领导班子及其成员特别是一把手，通过抓"关键少数"达到管住"绝大多数"的目的。山东省十一次党代会以来，根据巡视移交问题线索，查处 58 名省管干部，发挥了有力震慑作用。

发现问题要精准。发现问题是巡视工作的生命线，而精准则是发现问题的生命线。实践中，山东探索建立了可量化的质量评估办法，积极推进全过程的综合考评制度，严格落实巡视报告问题底稿制度等，倒逼各巡视组把实

事求是和精准要求贯穿巡视全过程。同时，探索建立省、市、县巡视巡察网络平台，逐步扩大信息共享、数据比对领域，不断提高发现问题的效率和精准度。

强化巡视规矩意识，推进政治监督规范化

实现政治监督规范化，是贯彻依法治国、依规治党战略的内在要求，脱离了规范化轨道，监督就可能变异甚至失控。巡视不能乱作为，必须健全工作规则，规范工作程序，严格内部管理。

以明确的边界为遵循。巡视监督权必须在严密的规则下有组织地行使，严守职责边界。山东坚持用制度管人、靠机制办事，建立 50 余项制度规范，明确巡视干部"十不准"要求，保证公正用权、谨慎用权、依法用权。

以严格的监督为保障。权力不论大小，只要不受制约和监督，都可能被滥用。要坚持内部监督和外部监督同向发力，尤其要强化对巡视的过程监督、风险防控。山东用好三支监督力量，即巡视工作领导小组严格管理强化上级监督、为各巡视组指派监督员强化内部监督、自觉接受被巡视党组织和干部群众的监督，全面推行工作作风和执行纪律情况巡视后评估制度，让巡视干部习惯在严密监督下工作生活。

以过硬的队伍作支撑。抓政治监督的规范化，必须打造过硬队伍。山东通过建立健全巡视干部准入机制、借调干部"退回"机制、组办交流常态机制、全员培训机制、考核反馈机制等，以提升队伍建设规范化水平。

三、深化政治巡视　强化政治监督 *

习近平总书记在十九届中央纪委三次全会上强调，坚持党中央重大决策部署到哪里，监督检查就跟进到哪里。北京市委牢记"看北京首先从政治上看"的要求，聚焦坚持和加强党的全面领导、新时代党的建设总要求、全面从严治党，按照"六围绕一加强"和"五个持续"要求，以首善标准坚定不移深化政治巡视，强化巡视政治监督作用，高质量推进巡视巡察全覆盖，为贯彻落实党中央重大决策部署提供坚强保障。

加强对践行"两个维护"情况的巡视监督，
突出强化党的政治建设

坚持和加强党的全面领导，最重要的是坚决维护党中央权威和集中统一领导；坚决维护党中央权威和集中统一领导，最关键的是坚决维护习近平总书记党中央的核心、全党的核心地位。"两个维护"是政治建设的首要任务，也是新时代巡视工作的根本任务。十二届市委坚守政治首都、政治中心、政治工作首要定位，深化政治巡视，强化政治监督，紧扣督促做到"两个维护"根本任务，监督检查各级党组织和党员领导干部是否认真学习贯彻习近平新时代中国特色社会主义思想和党的十九大精神，不断强化思想武

---

*　陈雍，十九届中央纪委委员，北京市委常委、市纪委书记、市监委主任、市委巡视工作领导小组组长。

装；是否认真贯彻落实中央政治局关于加强和维护党中央集中统一领导的规定、北京市委关于维护党中央集中统一领导的若干规定，在思想上政治上行动上同党中央保持高度一致；是否坚持和加强党的全面领导，深入贯彻落实党中央重大决策部署和习近平总书记重要指示批示精神，推动政治监督具体化、常态化。将贯彻新发展理念、实现高质量发展、深化改革开放、优化经济发展环境和打好防范化解重大风险、精准脱贫、污染防治三大攻坚战等情况纳入巡视重点监督内容，对存在的突出问题坚决亮剑。对巡视发现不严格遵守政治纪律、政治规矩的问题和现象进行集中梳理，对践行"两个维护"不坚决、不到位和肃清孙政才、吕锡文、李士祥、鲁炜、陈刚等恶劣影响不彻底，以及个别党员领导干部发表错误言论的问题严肃查处。

加强对贯彻落实习近平总书记对北京重要讲话和重要指示批示情况的巡视监督，助力谱写首都发展新篇章

党的十八大以来，习近平总书记四次视察北京，五次对北京发表重要讲话，深刻阐述了"建设一个什么样的首都，怎样建设首都"这个重大的时代课题，为做好新时代首都工作提供了根本遵循。市委将学习贯彻习近平总书记对北京重要讲话和重要指示批示精神作为当前和今后一个时期的首要政治任务来抓，一体学习、一体领会、一体贯彻，谱写首都发展新篇章。十二届市委巡视重点监督检查全市各级党组织和党员领导干部贯彻落实习近平总书记对北京重要讲话和重要指示批示情况，将加强"四个中心"功能建设，提高"四个服务"水平，抓好北京城市总规及副中心控规落实、推动京津冀协同发展、2022年北京冬奥会冬残奥会筹办三件大事等情况纳入巡视重点监督内容，发现并推动解决了一些地区和单位推动京津冀协同发展不够有力、为中央单位服务不到位、疏解整治促提升进展慢等突出问题。为贯彻落实习近平总书记在京看望慰问基层干部群众时所做的重要指示精神，2019年，市委巡视还将围绕新中国成立70周年庆祝活动、第二届"一带一路"国际合作高峰论坛、世界园艺博览会、亚洲文明对话大会等，加强对重大活动服务保

障、重大项目建设、维护好首都安全稳定情况的监督检查。

加强对践行以人民为中心发展思想情况的巡视监督，推动厚植党执政的政治基础和群众基础

习近平总书记指出，为中国人民谋幸福，为中华民族谋复兴，是中国共产党人的初心和使命，也是改革开放的初心和使命。坚持人民立场、依靠群众是巡视工作的基本原则。十二届市委巡视坚持以人民为中心，人民群众反对什么、痛恨什么，就重点巡视什么、纠正什么。紧扣首都发展阶段性特征，积极构建巡视巡察上下联动的监督网，推动巡视巡察向基层延伸。强化对履行公共服务、城市管理、社会治理职能、做好"街乡吹哨、部门报到"工作和落实乡村振兴战略、提升农村基础设施建设等情况的监督检查，将落实开展扫黑除恶专项斗争、农地非农化治理、脱贫攻坚工作以及受理群众诉求、整治群众身边的腐败和作风问题等情况纳入巡视巡察重点监督内容，着力查找履行职责不到位、为民服务不实和损害群众利益的突出问题，着力发现发生在民生资金、"三资"管理、征地拆迁、教育医疗、低保养老、生态环境等领域的违纪违法行为，让群众有更多更直接更实在的获得感、幸福感、安全感。

加强对整治形式主义、官僚主义情况的巡视监督，有力破除阻碍党中央重大决策部署贯彻落实的大敌

习近平总书记指出，形式主义、官僚主义同我们党的性质宗旨和优良作风格格不入，是我们党的大敌、人民的大敌。形式主义、官僚主义已经不是简单的作风问题，而是严肃的政治问题，严重阻碍党的路线方针政策和党中央重大决策部署贯彻落实。十二届市委巡视围绕党的作风建设，深入贯彻落实习近平总书记关于进一步纠正"四风"、加强作风建设重要批示精神，针

对"四风"突出问题特别是形式主义、官僚主义的新表现开展专项巡视巡察，着力查找是否存在表态多调门高、行动少落实差等突出问题，是否存在以会议贯彻会议、以文件落实文件、只作批示不抓落实等重痕迹、轻实效的形式主义问题；是否存在懒政怠政、不担当、不作为、乱作为等脱离群众的官僚主义问题，尤其是紧盯对党中央重大决策部署要求不敬畏、不在乎、喊口号、装样子的错误表现，着力发现空泛表态、应景造势、敷衍塞责、出工不出力等突出问题。

做好巡视"后半篇文章"，督促巡视反馈问题的整改落实，确保党中央重大决策部署落地生根

发现问题是巡视工作的生命线，推动解决问题是巡视工作的落脚点。十二届市委坚持发现问题和整改落实并重，严格落实习近平总书记关于"做好巡视'后半篇文章'关键要在整改上发力"的政治要求，深入推动巡视整改落地见效。建立市委常委会研究部署巡视整改工作机制，市委常委、党员副市长履行主体责任，认领任务，督促指导巡视整改。市委各部门和市国资委党委认真履行对所属系统加强党的建设、落实党中央和市委重大决策部署牵头抓总、督促检查职责，通过召开系统单位片会、开展联合检查等形式，指导督促本系统巡视整改。市委、市政府有关职能部门协同配合，用好巡视成果，针对巡视发现的共性问题开展专项检查治理。研究制定《做实做细监督职责，加强四个监督协调衔接，高质量推动监督工作的意见》，建立巡视监督和纪律监督、监察监督、派驻监督有序衔接、互为补充、协调一致的整改监督链条。市纪委监委机关、市委组织部在对巡视移交的问题线索优先处置、快查快办外，积极履行巡视整改监督职责，把巡视整改作为日常监督的重点内容。对一些不按要求做好巡视整改、拒不纠正错误的领导干部，该诫勉的诫勉，该调整的调整，该问责的问责。建立巡视整改评价制度，干部群众参与巡视整改评价测评，推动真改实改、全面整改。建立巡视发现问题一张清单到底的制度，巡视报告、反馈、移交、整改、督查督办

均以清单为依据，被巡视党组织依据问题清单制定任务清单、责任清单，相关部门依据问题清单制定督查督办清单，实行"销账管理"，条条要整改、件件有着落、层层抓落实，以强有力的巡视整改确保党中央重大决策部署落实到位。

四、做实做细巡视整改的日常监督职责 *

　　习近平总书记在听取中央脱贫攻坚专项巡视情况汇报时强调，纪检监察机关要深化专项治理，加强日常监督。驻民政部纪检监察组坚持以习近平总书记关于巡视工作重要讲话和指示精神为根本遵循，做实做细巡视整改的日常监督职责，高质量推动巡视整改任务落实。

充分认识脱贫攻坚专项巡视整改的重大意义，切实增强抓好专项巡视整改的自觉性和坚定性

　　抓好专项巡视整改是深入学习贯彻习近平总书记关于巡视工作重要讲话和扶贫工作重要论述，增强"四个意识"、坚定"四个自信"、践行"两个维护"的实际行动。习近平总书记指出，做好巡视"后半篇文章"，关键要在整改上发力。巡视整改不落实，就是对人民不负责。中央巡视组将纪检监察组履行脱贫攻坚的监督责任情况纳入巡视重要内容，是对我们开展脱贫攻坚监督执纪问责工作的全面"政治体检"。巡视反馈意见指出的问题和提出的整改意见，是经过中央政治局常委会研究的，是党中央提出的政治要求。能不能按照党中央的要求抓好专项巡视整改，是对我们是否树牢"四个意识"、坚定"四个自信"、坚决做到"两个维护"的重要考验。必须从打赢三大攻坚战、决胜全面小康、实现第一个百年奋斗目标的高度看待脱贫攻坚专项巡视整改，把抓好专项巡视整改作为重要政治任务，切实抓紧抓好抓出成效，

---

　　* 龚堂华，时任中央纪委国家监委驻民政部纪检监察组组长；现任十九届中央纪委委员，中央纪委国家监委驻科技部纪检监察组组长、科技部党组成员。

以实际行动践行"两个维护"。

抓好专项巡视整改是督促民政部党组落实脱贫攻坚主体责任、推动高质量完成民政领域脱贫攻坚任务的有力举措。习近平总书记强调，要用好专项巡视成果，抓住整改不放，压实整改责任，将问题整改到位，为明年实现脱贫攻坚目标打下更好的基础。脱贫攻坚专项巡视是在脱贫攻坚进入决战决胜、攻城拔寨的关键节点进行的一次专项巡视，指出的问题都是习近平总书记和党中央最关心、最关注的重大问题，都是影响制约脱贫攻坚目标如期实现的全局性、深层次问题。巡视整改是否到位，直接关系到今后两年脱贫攻坚任务能否精准落实，打赢脱贫攻坚战目标能否如期完成。民政工作在脱贫攻坚中发挥着重要的兜底保障作用。必须以脱贫攻坚专项巡视整改为契机，加大对脱贫攻坚和巡视整改的监督检查力度，加强主动监督和执纪问责，推动民政领域脱贫攻坚工作任务全面落实。

抓好专项巡视整改是推动解决自身存在问题、切实履行监督这一基本职责的重要抓手。习近平总书记强调，巡视把问题发现了并不可怕，关键是要从问题中引起重视、引发警觉，进一步统一思想、提高站位，立足职能职责，强化责任落实。脱贫攻坚专项巡视是对纪检监察组履行脱贫攻坚监督责任的再监督、再检查、再提醒、再促进，目的是推动我们更好地发挥职能作用，推动解决扶贫领域存在的突出问题，为打赢脱贫攻坚战提供坚强保障。纪检监察组是履行监督责任的，要求别人做到的自己首先要做到。必须带头把自己摆进去、把职责摆进去、把工作摆进去，对自身问题不回避、不遮掩，刀刃向内、彻底整改，并举一反三、标本兼治，积极探索加强日常监督有效途径，使监督更加聚焦、更加精准、更加有力，形成派驻监督与巡视监督的强大监督合力。

完善日常监督机制，推动民政部党组脱贫攻坚专项巡视整改任务落实

强化思想武装，提高政治站位。思想是行动的先导。要持之以恒学习

贯彻习近平新时代中国特色社会主义思想和党的十九大精神，深入学习贯彻习近平总书记关于巡视工作重要讲话、扶贫工作重要论述和党中央脱贫攻坚决策部署，深入学习贯彻中央纪委国家监委有关指示要求，坚持全面系统、及时跟进学、突出重点、结合实际学，领导带头、以上率下学，准确把握民政部在脱贫攻坚战略中的任务和责任，进一步明确纪检监察组在巡视整改中的职责和要求，不断增强抓好巡视整改的政治自觉、思想自觉和行动自觉。

切实加强对脱贫攻坚和巡视整改情况的监督，督促落实主体责任。把监督力量和资源向脱贫攻坚聚焦，做到党中央脱贫攻坚决策部署到哪里，监督检查就跟进到哪里，督促民政部党组把巡视整改和今后两年的脱贫攻坚工作有机结合起来，确保如期精准实现脱贫攻坚目标。创新方式方法，通过约谈函询、召开督查会、发函监督、调研督导、专项检查等，将日常监督做实做细做深，压紧压实主体责任。加强对民政领域惠民资金使用情况的监督检查，严肃纠正资金拨付不及时、管理不规范、使用不合规等突出问题，督促完善监管制度，提高资金使用效益，让贫困群众真正受益。协助民政部党组深化内部巡视工作，把脱贫攻坚和专项巡视整改列入巡视的重要内容，把机关司局纳入巡视范围，发挥巡视利剑作用。把整治形式主义、官僚主义作为重点任务和切入口，严肃查处空泛表态、应景造势、敷衍塞责、出工不出力等突出问题，对整改不力、敷衍应付、虚假整改的严肃追责问责，典型问题一律公开曝光。

深化专项治理，坚决查处扶贫领域的腐败和作风问题。以农村低保领域为重点，深入开展民政扶贫领域腐败和作风问题专项治理。深入开展专项督查，发现并督促解决专项治理中思想认识不到位、工作措施不力、工作成效不明显等突出问题。聚焦"关系保""人情保""宁可漏保、不愿错保""兜底不实"等突出问题，严肃查处基层干部贪污侵占、虚报冒领、截留挪用、优亲厚友等突出问题，严肃查处不担当、不作为、乱作为等形式主义、官僚主义问题，加大重点问题线索督办力度，典型案例一律通报曝光。督促深化以案促改、标本兼治，注重从典型案例中发现普遍性问题，查找堵塞漏洞。

依规依纪依法处置问题线索，严肃查处扶贫领域违纪违法案件。加强力量统筹，敢于动真碰硬，准确运用监督执纪"四种形态"，严肃查处扶贫资金使用等方面的违规违纪违法案件，严肃查处挂职扶贫干部违纪违法问题，对监管不力、失职失责造成恶劣影响的严肃精准问责。对中央巡视组移交的问题线索建立专门台账，逐件认真分析梳理，及时分类处置并向中央纪委国家监委报告，做到件件有着落、事事有回音。

强化组织保障，确保各项整改措施取得实效

加强组织领导，强化责任落实。切实承担起自身整改的主体责任，组长是第一责任人，班子成员是抓分管领域巡视整改的直接责任人，要以上率下，发挥头雁效应。纪检监察组巡视整改领导小组办公室要发挥参谋助手作用，认真履行综合协调、跟踪督办等职责，做好方案制定、督促落实、情况汇总、督办督查、调研指导等工作，确保各项任务落实落细。

完善工作机制，深化整改成果。认真执行重要情况报告制度，对日常监督发现的问题及时报告中央纪委国家监委。以专项巡视整改为契机，加强改革创新，建立健全重要岗位约谈、深度调研访谈、专项督促检查等日常监督机制，做实做细日常监督职责，把深化派驻机构改革的制度优势转化为治理效能。指导民政部直属机关纪委落实整改监督责任，加强日常联系和情况沟通，促进全面从严治党向基层延伸。

加强督促检查，提高整改实效。一方面，要加强对自身巡视整改任务完成情况的督查督办，定期梳理整改进展，加强跟踪问效，确保带头完成整改任务。另一方面，要加强与民政部巡视整改领导小组及办公室的日常沟通协调，加强对民政部有关司局和直属单位的重点整改任务跟踪督办，工作滞后的责令限期整改，对整改不力、敷衍塞责的坚决问责追责。

五、以钉钉子精神推动巡视发现问题彻底整改 [*]

发现问题是巡视工作的生命线，推动解决问题是巡视工作的落脚点。只有坚持发现问题与整改落实并重，强化巡视整改主体责任，创新日常监督机制，加强整改情况督促检查，以钉钉子精神推动问题彻底整改，做深做实做细巡视"后半篇文章"，才能始终保持利剑锋锐，充分发挥巡视震慑遏制治本作用，推动全面从严治党向纵深发展。

提高政治站位，强化整改自觉

整改不落实，就是对党不忠诚，对人民不负责。从以前巡视整改和跟踪督办的情况看，一些地方和单位整改不落实、不到位的问题依然存在。有的表态照单全收，实际并没有照单全改；有的整改敷衍应付、大打折扣；有的把表面问题改了，但深层次的问题没有触动；有的简单向下问责，基层的问题改了，但上面的问题、领导干部的问题并没有改，特别是涉及长期困扰地方发展的深层次问题没有改，给我们党执政基础带来负面影响的一些根本性问题没有改；等等。出现这些问题，主要是有的被巡视党组织政治站位不高，履行整改主体责任不到位，存在"过关"心态；有的工作主动性自觉性不够，整改不真不实、不推不动；有的搞"两面派"、做"两面人"，敷衍应付、上推下卸；有的搞选择性整改，甚至边改边犯。一些机关和职能部门存

＊ 王立山，湖北省委常委、省纪委书记、省监委主任、省委巡视工作领导小组组长。

在认识偏差，认为整改是被巡视党组织的事、督促整改是巡视机构的事，没有将整改纳入纪检监察机关和组织部门日常监督的重要内容，没有用更多的时间和精力抓督促检查，监督责任履行不力、部门职能作用未充分发挥。

湖北省委高度重视巡视整改。省委出台巡视成果运用暂行办法、巡视整改督查督办工作实施细则，明确成果运用要求和相关部门督促整改责任；省纪委监委制定巡视移交问题整改督查督办工作实施办法，省委组织部制定贯彻省委巡视整改督查督办工作实施细则实施办法，明确各自责任和具体实施工作机制。2018 年初部署开展十届省委巡视反馈移交问题和线索整改处置情况大起底、大检查，并将检查情况通报全省；2018 年底至 2019 年初，结合以往巡视发现问题和线索未整改处置到位情况，再次组织开展督查督办，取得明显成效。截至目前，十届省委巡视反馈问题整改总体完成率为 97.8%，移交问题线索处置总体完成率为 99.7%。湖北狠抓巡视整改的实践证明，各级党组织和有关部门与单位只有切实提高政治站位和政治觉悟，把思想和行动统一到党中央关于强化巡视整改的部署要求上来，把巡视整改作为一项严肃的政治任务和一份必须履行的政治责任，作为增强"四个意识"、坚定"四个自信"、践行"两个维护"的具体行动，作为检验自身能力素质和责任担当的试金石，以严实的作风、过硬的举措来推进，巡视整改才能真正落实落地。

加强统筹谋划，确保一督到底

精心制定方案。根据督查督办任务，认真研究有关巡视报告、反馈意见、整改方案、被巡视地方和单位领导班子和主要负责人的整改情况报告及回访督查报告，尤其是问题和线索台账，分别制定总体方案和周密具体、针对性强的实施方案，明确督查督办任务书、时间表和路线图。坚持具体问题具体分析，根据不同情况和问题采取不同方法，切实将责任落实到单位和人、时间精确到天、目标要求细化到点，确保工作取得实效。

列全列明清单。对近年来巡视发现的面上问题和党员干部问题线索的整改处置情况进行全面摸底、集中梳理，对照已有台账和被巡视党组织上报的整改材料，将问题"一网打尽"。同时注重分门别类地列全列明问题清单、任务清单、责任清单，做到情况明、底数清、数字准，做足督查督办"功课"。

严格彻督彻改。对照问题清单、任务清单、责任清单，一项一项地检查甄别，看反馈的意见和问题是否真正整改落实了、移交的问题线索是否依规依纪依法处置到位了，并提出明确具体意见，报领导小组审定后最终认定其是否整改、处置到位。以高度的政治责任感，督促有关党组织把巡视发现的问题整改到位，做到问题不查清不放过、责任不追究不放过、整改不彻底不放过，一督到底，完成一个销号一个，确保问题见底清零。

坚持实事求是，务求客观精准

实事求是是党的思想路线的核心内容，也是巡视整改必须坚持的基本原则。

实事求是简化程序。要善于化繁为简，做到简而明，不搞"烦琐哲学"，不把过多的精力放在烦杂的程序上，切实为基层减负。督查督办时坚持因时制宜、因地制宜，提高工作效率，尽量不影响被督查督办地区和单位的正常工作。进驻时直接与被督查督办党组织主要负责人沟通，说明来意，开门见山、直指问题。对被巡视党组织上报已经整改落实的问题，也要进行抽查，看是不是真正整改了；对于虚假整改的要拎出来，作为新问题列入再督查督办清单。

实事求是推动解决问题。对有的地方和单位提出的有关情况与巡视了解的情况有出入，不轻易否定，而要认真倾听意见和说明，注意查看有关证据。如果依据充分、证据确凿，就要虚心接受意见建议，不能不分青红皂白地草率定性、强行施压，造成不良后果和影响。对一些因种种原因确实难以整改到位的问题，比如涉法涉诉的，时间间隔很长、政策已发生变化的历史遗留问题，或涉及面宽需要上下级协调协作处置的，或因党政机构改革和企业改制整改主体发生变化的复杂问题，要善于用历史的、辩证的、发展的、联系的观点分析研判，弄清哪些是能够整改而没有整改的、哪些确实是短期内无法整改需要长期整改的、哪些是需要移交有关机构和部门依法处理的，分类处置、区别对待，既不拿老政策看待新问题，也不用老问题套新政策，更不能简单地将问责"板子"打到基层，做到深入具体、客观精准。对一时拿不准的问题，不急于表态下结论，经有关部门研究后再作答复。要加强政治把关、政策把关、事实把关，把实事求是原则贯穿巡视整改全过程各环节，做到让群众满意、让被巡视党组织服气，防止巡视利剑变成"双刃剑"。

用好问责利器，促进标本兼治

巡视是利剑，是"长牙的老虎""带电的高压线"，不是"稻草人""橡皮泥"。

要用好问责利器。对督查督办中发现的敷衍整改、虚假整改、拒不整改、搞"新官不理旧账"的，或妨碍、干扰、阻碍督查督办工作正常开展的，或履行整改主体责任不力、应付对付、无正当理由拖延巡视移交线索处置的，要抓住不放，坚决用铁的纪律严肃问责，维护巡视制度的权威和效果。对因各种原因未整改到位的问题作进一步深入了解，查明主、客观原因和具体责任人的责任，记录在案，逐个列出清单，研究追责问责意见，严肃追责问责。追责时既要问直接责任人的责任，也要问分管领导甚至一把手的责任。对典型案例，要公开曝光，发挥"问责一个、警醒一片、教育一方"的震慑效应，使监督问责常态化、长效化，确保整改落实见真章、动真格、求实效。

要促进标本兼治。注重综合运用巡视成果，督促被巡视党组织既拿出"当下改"的举措，集中解决巡视中发现的突出问题，又形成"长久立"的机制，加强综合分析，把抓好巡视整改与实际工作紧密联系起来，把全面从严治党与全面深化改革有机结合起来，举一反三、延伸拓展、补齐短板、完善制度，既着力解决具体人具体事的问题，也着力解决体制机制问题，发挥好巡视标本兼治的战略作用。

第六部分
推进派驻监督

一、推进派驻监督高质量发展 *

在深化党和国家监督体系改革的关键时期，党中央深刻总结派驻机构改革实践经验，把握派驻机构监督规律，审时度势出台《关于深化中央纪委国家监委派驻机构改革的意见》（以下简称《意见》），为实现国家治理体系和治理能力现代化夯实了制度基础，为深化派驻机构改革把准了脉搏、指明了方向、规划了路径、提供了遵循。当前，学懂弄通、逐条落实《意见》，切实履行好党中央赋予的监督职责使命，是派驻机构的首要政治任务。

学深吃透《意见》精神，找准深化派驻监督的方向路径

提高政治站位，深刻理解深化派驻机构改革重大意义。派驻监督是党统一指挥、全面覆盖、权威高效监督体系的重要一环，是推进全面从严治党向中央和国家机关延伸的重要力量。此次党中央深化派驻机构改革的部署安排，坚持问题导向和目标导向相统一，以制度形式固化了派驻监督领导体制，明确了应建立的制度机制，突出了派驻机构的职责定位和目标任务，解决了派驻监督面临的突出问题，破除了制约派驻监督作用发挥的壁垒，对深化派驻机构建设、提高派驻监督全覆盖质量、助推国家治理体系和治理能力现代化意义重大。

坚持学做结合，不断增强履职监督的使命感、荣誉感、归属感。《意见》

---

* 罗志军，中央纪委国家监委驻自然资源部纪检监察组组长、部党组成员。

的学习是一项长期性工作，要以习近平总书记关于加强派驻监督的重要论述为指引，联系实际学，结合工作学，更要带着感情学。要深刻理解把握习近平总书记关于派驻监督地位作用、职能定位、工作机制，派驻机构加强自身建设等重要指示精神，从《意见》深化派驻机构改革的一系列具体举措中，体会感悟党中央、中央纪委国家监委对派驻工作的关心重视、对派驻机构干部的真挚厚爱。派驻机构党员干部要时刻铭记作为中央纪委国家监委一员的身份职责，把学习的过程作为淬炼党性、历练品格、提高本领的过程，作为增强履职监督使命感、荣誉感、归属感的过程，做到学思用贯通、知信行合一，把学习成果化为落实派驻机构改革部署、提升履职能力的强大动力。

夯实"两个责任"，营造党组（党委）、派驻机构齐心协力推动改革的良好局面。主体责任与监督责任是同一个责任范畴的两个侧面，不能相互替代，更不能相互削弱，必须相互协调、共同促进。中央和国家机关各部门党组（党委）要增强主动接受监督的政治意识，紧密结合党组（党委）的职责实施改革，支持派驻纪检监察组履行监督职责，坚决完成好党中央交给的改革任务。顺利完成这项政治任务，单靠一个或几个机构部门往往力不从心，派驻机构要先学一步、先行一步，一步一个脚印扎实落实改革各项任务，更要积极主动与驻在部门党组（党委）沟通，调动党组（党委）支持保障派驻机构改革、自觉接受派驻机构监督的积极性、主动性，在关键环节、重要节点、重大问题上合力谋划、共同推进，形成同向发力、通力合作、无缝对接、齐抓共管深化改革、推进全面从严治党向纵深发展的整体合力。

聚焦主责主业，做到执纪监督与审查调查两手抓、两手硬

强化政治监督，严明政治纪律和政治规矩。派驻监督本质上是政治监督，要坚决维护好习近平总书记党中央的核心、全党的核心地位，坚决维护党中央权威和集中统一领导。履行好政治监督职责，要准确把握中央和国家机关作为政治机关的根本属性，把严明政治纪律和政治规矩作为首要任务来抓。要以习近平总书记提出的中央和国家机关在三个方面作表率的重要指示

为标杆，对"七个有之"和"五个有的"问题保持高度警觉，在政治问题上聚焦、聚焦、再聚焦，围绕"在重大原则问题上不同党中央保持一致"等方面，开展政治体检、打扫政治灰尘、净化政治灵魂、增强政治免疫力，坚决把政治上蜕变的"两面人"辨别出来、清除出去，切实推动党组（党委）和党员领导干部始终在政治立场、政治方向、政治原则、政治道路上同党中央保持高度一致，确保党中央一锤定音、定于一尊的权威。

践行"两个维护"，为党中央重大决策部署贯彻落实提供坚强政治保障。"两个维护"不是抽象的，是具体的。中央和国家机关是党和国家治理体系中枢，地位重要，影响面广，是确保党对一切工作的领导、始终总揽全局、协调各方的重要依托，是党中央重大决策部署贯彻落实的关键环节。派驻机构作为党内监督专责机关，必须把党中央关于驻在部门、综合监督单位的重大决策部署，习近平总书记重要指示批示精神的贯彻落实情况作为政治监督重点，以破除形式主义、官僚主义为抓手，严查深纠落实党中央重大决策部署不坚决，打折扣、搞变通、阳奉阴违、虚假应付等突出问题，确保党中央政令畅通。具体到自然资源领域，就是要把监督触角延伸到党中央关于农地非农乱象整治、"大棚房"违建清理、脱贫攻坚等重大事项、重大问题上来，做到常态化监督与重点监督相结合，推动党中央重大决策部署落地生根、开花结果。

推进纪法贯通，不断提升审查调查法治化、规范化水平。审查调查是最有力、最严格的监督。党中央赋予派驻机构监察权，体现了对派驻机构的信任与重托，也对派驻监督提出更严要求、更高标准。实现纪法贯通是提升审查调查法治化、规范化水平的重要保障，既要加强监察法学习，在知法懂法上做足功课，不断强化纪律、法治思维特别是程序意识，又要注重在"四种形态"运用实践中总结提炼纪法贯通的经验做法，克服运用第四种形态畏难情绪，做到敢于用法、善于用法，在办案中增强本领、提高能力。要深刻认识审查调查是执纪执法的过程，也是艰苦细致的思想政治过程，关键是敢于斗争、勇于斗争，以提高派驻纪检监察工作质量为目标导向，通过艰苦细致的思想政治工作和精准严谨的查证工作，教育、感化、挽救被审查调查人，实现政治、纪法和社会效果的统一。

勇于担当作为，探索总结派驻监督的新思路新方法新举措

发挥派驻监督领导体制优势，夯实"派"的权威。《意见》明确，中央纪委国家监委将通过定期召开会议、加强约谈督促、及时通报情况等形式加强对派驻机构的直接领导、统一管理，要求派驻机构严格执行4项报告工作制度。要提高政治觉悟，正确理解把握这些具体举措深意，充分认识到这是一种监督制约、一种责任压力传导，更是对派驻监督强有力的支撑。要充分发挥派驻机构领导体制优势，将党中央的全面领导、中央纪委国家监委的直接领导支持化为派驻机构持续推进监督的不懈动力，以超脱的姿态、勇于担当的精神、敢唱红脸的魄力，对被监督单位领导班子及其成员、司局级干部开展近距离、全天候、常态化监督，及时发现问题、纠正偏差，让咬耳扯袖、红脸出汗成为常态，以监督实际成效进一步夯实"派"的权威。

建立健全协调机制，构建同向发力、同频共振的工作格局。《意见》明确要健全派驻机构与驻在部门党组（党委）协调机制，建立定期会商、重要情况通报、线索联合排查、联合监督等机制，根本目的是通过搭建驻在部门与派驻机构沟通协调的有效平台，进一步压实党组（党委）全面从严治党主体责任。实践中，驻自然资源部纪检监察组在完成与驻在部门党组建立协调机制等规定动作的同时，努力构建党组、派驻纪检监察组、机关党委、机关纪委协力推进全面从严治党的工作格局。在督促指导综合监督单位党组研究制定自觉接受派驻监督的意见的同时，建立与机关党委协调沟通机制，压实机关党委协助党组以党的政治建设为统领，推进机关党的建设的职责。健全完善定期会商分析研判机关政治生态、跟踪督办案件等机制，督促机关纪委协助党组履行全面从严治党主体责任。

加大探索创新力度，提升监督的针对性实效性。在全面从严治党向纵深推进的过程中，提高派驻机构监督全覆盖质量，要在提高监督针对性实效性上花心思、想办法。始终坚持稳中求进的工作总基调，不能有故步自封、推一推动一动、不推不动的消极懈怠心态，进一步解放思想，在实践中探索总结务实管用的监督办法。在深化政治监督上，驻自然资源部纪检监察组进行

了一些探索，在着力塑造组内干部重视监督、勇于监督、主动监督的思想意识的同时，坚持执纪审查调查处置不放松、不松劲，探索建立重大事项、重大问题组长牵头主抓、专人配合，组内设室围绕联系单位开展常规性、日常性监督的工作模式，做到与驻在部门、综合监督单位班子成员沟通建议常态化、约谈提醒常态化、会议监督常态化、选人用人监督常态化，探索形成审查调查、巡视整改监督与政治生态调研摸底深度融合的工作方式，努力把政治监督工作做深、做实，推动新时代派驻监督高质量发展。

二、以改革创新精神推动派驻监督高质量发展 *

习近平总书记在庆祝改革开放 40 周年大会上的重要讲话，全面回顾了改革开放披荆斩棘的发展历程，系统总结了改革开放取得的伟大成就和宝贵经验，郑重宣誓坚定不移将改革开放进行到底的信心决心，是新时代改革开放再出发的宣言书和动员令，为我们全面建成小康社会、全面建成社会主义现代化强国指明了方向。作为中央纪委国家监委的派驻机构，一定要认真学习贯彻习近平总书记重要讲话精神，增强"四个意识"、坚定"四个自信"、践行"两个维护"，用时代发展要求审视自己，以强烈的忧患意识警醒自己，以改革创新精神加强和完善自己，不断优化监督效能，推动派驻监督高质量发展，持续巩固发展反腐败斗争压倒性胜利。

改革开放是纪检监察事业发展进步的活力之源。改革开放的 40 年，是党的纪律检查机关恢复重建并不断发展的 40 年。40 年来，纪检监察事业始终与改革同行、与时代同步。每当形势任务发展变化、面临抉择的关键时刻，党中央总能以非凡的政治勇气和远见卓识，果断进行体制机制改革和制度创新，保证我们的事业不断取得胜利，也不断为纪检监察工作注入新的活力。从恢复党的纪律检查机关到重新设立行政监察机关，从中央纪委、监察部合署办公到探索建立领导干部廉洁自律、查处违纪违法案件、纠正部门和行业不正之风三项工作格局，从提出"标本兼治、综合治理、惩防并举、注重预防"的工作方针到把反腐倡廉建设纳入党的建设布局，纪检监察工作在

---

* 田野，中央纪委国家监委驻水利部纪检监察组组长、部党组成员。

党中央的坚强领导下不断与时俱进。

党的十八大以来，以习近平同志为核心的党中央秉承自我革命精神，坚持党要管党、从严治党，把全面从严治党纳入"四个全面"战略布局，更加有力地推进纪检监察工作改革创新。在党的纪律检查体制改革中，强化"两个为主"，加强纪律建设，实现对党员的监督全覆盖。在国家监察体制改革中，组建国家监察委员会，从顶层对国家权力作出重大调整，实现对所有行使公权力的公职人员监察全覆盖。相应建立健全的纪律监督、监察监督、派驻监督、巡视监督"四个全覆盖"监督体系，有力地回答了如何跳出"历史周期率"的"窑洞之问"，纪检监察工作的战略定位越来越清晰，思路举措越来越精准，治理效能越来越彰显。

派驻机构改革是新时代纪检监察体制改革的深化延伸。派驻监督是党统一指挥、全面覆盖、权威高效监督体系的重要一环。党的十八大以来，习近平总书记高度重视纪检监察派驻机构建设，就加强派驻监督作出一系列重要论述，为深化派驻机构改革、发挥派驻监督作用提供了根本遵循。在以习近平同志为核心的党中央坚强领导下，中央纪委国家监委顺应时代发展要求，把派驻机构改革纳入纪检监察体制改革总体安排，持续深化、步步深入。特别是统一名称、统一管理，对中央一级党和国家机关全面派驻纪检机构；进一步健全领导体制，明确派驻机构是中央纪委的重要组成部分，向中央纪委请示报告工作，使派驻监督焕发新的活力。

在深化党和国家监督体系改革的关键时期，党中央出台《关于深化中央纪委国家监委派驻机构改革的意见》，对派驻机构领导体制、职责权限、工作机制、制度建设等方面改革作出新的具体部署，加强了统一领导，赋予了国家监察权限，从而实现派驻监督从"有名""有形"到"有效"的深刻转变。

强化监督是推动派驻机构工作高质量发展的重要举措。监督是纪委监委的基本职责、第一职责。强有力的监督，是有效开展审查调查、问责处置的基础和前提。派驻机构要以改革创新精神坚决贯彻中央关于深化派驻机构改革工作部署，忠实履行党章和宪法赋予的职责，创新监督理念思路和方式方法，在强化监督上狠下功夫，以监督带动执纪问责、调查处置各项工作，推动派驻监督高质量发展。

要强化政治监督这个根本。派驻监督本质上是政治监督，要准确把握中央和国家机关作为政治机关的根本属性，强化政治监督，坚决落实"两个维护"。加强对贯彻落实习近平总书记重要指示批示精神和党中央重大决策部署情况的监督检查，确保政令畅通，防止有令不行、有禁不止。严明政治纪律，对"七个有之"问题高度警惕，优先处理。督促党组强化政治担当，切实扛起管党治党主体责任。近期，驻部纪检监察组已督促水利部党组对贯彻落实习近平总书记关于生态和治水等方面的重要指示批示精神情况进行"回头看"，及时提出意见建议，切实防止出现表面看齐、落而不实等问题。

要抓住日常监督这个关键。监督效果好不好，关键在日常。派驻机构要把监督挺在前面，寓于日常工作中，发挥近距离、全天候、常态化的优势。工作定位向监督聚焦。围绕完善国家监察体制改革，明确纪律检查、国家监察的第一职责就是监督，明确组内各室都要履行监督职能，把监督挺在前面，搞好纪法贯通、法法衔接。紧盯"关键少数"，对重点监督对象做到底数清、情况明。深化运用监督执纪"四种形态"，大力开展谈话函询工作，抓早抓小、防微杜渐。执纪力量向监督倾斜。调整组内职责分工，把70%以上的人员力量集中在监督工作上。注意发挥驻在部门内设部门的作用，健全与机关纪委、巡视、审计、稽查等部门工作的沟通协调机制，统筹调动监督力量。坚持"以案促改"，在水利部等三家机构合并之时，召开警示教育大会，对查处的违纪违法问题点名道姓通报曝光，形成震慑。问责追究向监督压实。没有强有力的问责，监督就不可能落实到位。2018年对履职不力的12名党员领导干部进行问责，保持监督"后墙"不松。坚持严管和厚爱相结合，对反映失实问题及时澄清，对谈话函询予以采信的及时告知，鼓励担当作为。

要打牢自我监督这个基础。打铁必须自身硬。作为执纪执法机关，派驻机构必须强化自我约束，带头加强党的政治建设，带头同以习近平同志为核心的党中央保持高度一致，做忠诚干净担当的好干部。要坚持用法治思维反对腐败，认真贯彻好新制定的监督执纪工作规则，严格按照规定行使党内监督和国家监察权力，强化内部约束，把权力关在制度的笼子里。驻部纪检监察组已制定改进工作作风实施办法、加强干部监督的工作意见、报告监督执纪说情情况的规定等一批制度，规范权力运行。坚持打铁必须自身硬，坚决防止"灯下黑"，已对个别有问题的干部进行诫勉谈话并调离，保持队伍纯洁性。

三、紧紧围绕政治监督履行派驻机构职责 *

　　派驻监督体制机制改革是深化纪检监察体制改革的重要内容，是构建党统一指挥、全面覆盖、权威高效监督体系中的重要一环。派驻机构要认真学习贯彻十九届中央纪委三次全会精神，切实提高政治站位，进一步把思想和行动统一到习近平新时代中国特色社会主义思想和党的十九大精神上来，把工作重心统一到党中央深化纪检监察体制改革的战略要求和中央纪委国家监委的总体部署上来，充分认识和把握派驻监督的重大意义、职责定位和历史使命，以强化政治监督作为深化改革的出发点和落脚点，紧紧围绕"两个维护"，紧紧围绕贯彻落实党中央决策部署，扎实履行监督第一职责，切实提高派驻监督质量。

提高站位强化政治监督

　　强化政治监督，是深化派驻机构改革的关键所在。我国是一个有着14亿人口的大国，无论是革命、建设和改革的历史经验，还是实现伟大复兴的现实需要，都必须坚持党对一切工作的领导这一根本政治要求；我们党是执政党，是一个有着9000多万党员的大党，统一意志、统一步调至关重要，坚决做到"两个维护"、保障党中央决策部署落地见效是绝不容丝毫动摇的政治。当前，党的全面领导不断强化，但个别地区和部门仍然不同程度地存

　＊　宋寒松，中央纪委国家监委驻住房和城乡建设部纪检监察组组长、部党组成员。

在温差、落差、偏差，在贯彻落实党中央决策部署和习近平总书记重要指示批示精神方面存在表态多调门高、行动少落实差，打折扣、做选择、搞变通等现象，甚至我行我素、随意任性，违反政治纪律和政治规矩，致使中央精神"水流不到头"、落实不到位，损害了党的权威、削弱了党的领导。深化派驻机构改革、加强派驻监督，就是要扎实解决这些问题。派驻纪检监察组作为纪委监委派出机构，要发挥好"派"的权威和"驻"的优势，当好"探头"，守好"前方阵地"，构建以政治监督为统领的监督格局，督促各个被监督单位坚决做到"两个维护"，坚决把党中央决策部署落到实处，使党的全面领导在各机关、各部门、各行业、各领域得到全覆盖、强有力的纪律保障。正如习近平总书记所说：派驻监督本质上是政治监督。我们必须提高政治站位，充分认识政治监督的重大意义，将其作为派驻机构履职的重中之重来抓紧抓好。

围绕重点开展政治监督

"检查党的路线、方针、政策和决议的执行情况"是《中国共产党章程》赋予纪检机关的重大政治任务，也正是政治监督的重点所在。政治合格与否，首先看对党是否忠诚，最直接的检验是听不听党的话。体现在工作上，就是贯彻落实习近平总书记重要指示批示精神到不到位，贯彻落实党的路线方针政策和党中央重大决策部署到不到位。这是很重要很具体的政治要求和政治纪律、政治规矩，是派驻机构履行政治监督职责的核心和统领。习近平总书记重要讲话，包括到地方和部门视察工作时的重要要求，对有关工作材料作出的重要指示批示，必须监督抓好贯彻落实并实事求是地报告结果。要紧紧盯住驻在部门贯彻落实党中央重大决策部署的情况，确保党中央重大决策部署到哪里，监督就跟进到哪里。要监督是真落实还是假落实，全心全意还是半心半意，出实招还是喊口号，扑下身子还是浮在表面。还要准确把握中央和国家机关作为政治机关的根本属性，把监督的着力点放在监督对象防范重大风险、确保改革发展稳定大局上；放在管党治党主体责任落实上；放在严明政治纪律和政治规矩，严防"七个有之""五个有的"上；放在贯彻以人民为中心的发展思想，发现和解决群众反映强烈的问题上；放在加强政治建设、形成良好政治生态上。要把监督挺在前面，把纪律挺在前面，把违背"两个维护"、妨碍党中央决策部署落地见效的问题发现出来、纠治过来，把"七个有之""五个有的"等政治上的"蜕变者""两面人""变色龙"揭露出来、清除出去。

科学精准做实政治监督

政治监督不是概念，而是具体实在、见诸各项工作之中的，必须贯彻科学、精准的要求，讲究策略和方法，把政治监督做实、做细、做到位。一是要紧盯"关键少数"。习近平总书记强调，纪委监委履行监督专责首先是盯住班子、盯住党员领导干部。派驻纪检监察组开展政治监督，要集中精力盯住驻在部门党组成员、各司局一把手等"关键少数"，通过参加和列席党组会、民主生活会等相关会议，检查"三会一课"、中心组理论学习，加强对选人用人工作的监督等形式，着重盯这些"关键少数"的"四个意识"强不强、"四个自信"坚不坚定、"两个维护"做得如何，新形势下党内政治生活若干准则等规定执行得怎么样。抓纲带目，层层落实主体责任，牵住"牛鼻子"，打开政治监督的局面。二是要发挥派驻特点。派驻机构有着近距离、全天候、常态化的特点，要充分发挥"派"的权威和"驻"的优势，在履行政治监督责任上守土尽责，认真学习巡视组较真负责的担当精神和"深翻细作"的工作方法，当好"不走的巡视组"，让政治监督的"探头"时刻高质量运行。三是要用好问题线索。问题线索既可能是问题，也可能是提醒的依据，而提醒就是监督的开始。要充分运用巡视发现、办案发现、群众反映、舆论披露等渠道获得的问题线索，通过线索研判现象，提高政治监督的针对性和有效性。四是要创新政治监督方法，全方位加强"政治体检"。要善于抓住政治和业务的结合点。派驻机构不干预、不掺和具体业务，但绝不是不关注、不监督。要以党中央大政方针和决策部署为标尺去检视业务工作，针对是否存在温差、落差、偏差进行政治体检。要善于把握群众反映强烈的问题。以监督住房和城乡建设部为例，就要分析群众反映强烈的"黑中介"、城管执法、物业管理、工程质量等问题，从中对住房和城乡建设部在政策出台、标准制定、行业指导、监督检查等方面进行"政治体检"。要善于研判中央决策部署贯彻落实的情况，不能"一布置了事"，绝不允许出现"把说了当做了，把做了当做成了"的问题。驻在部门落实中央精神如何，不仅要看安排部署了没有，还要看具体落实如何，特别要从系统和基层贯彻落实的实际成果及存在问题中，对驻在部门的贯彻落实是否接地气、是否解决实际问题进行"政治体检"。要通过这些方法和探索，进一步细化、实化政治监督，实实在在做起来，边实践边总结，不断寻求进展和突破。

实事求是把握政治监督

政治监督要有斗争精神，不能怕得罪人。我们要旗帜鲜明讲政治，把维护政治纪律、政治规矩放在首位，同时一定要坚持实事求是，是什么问题就纠正什么问题，问题是什么性质就按什么性质对待，不能"泛政治化"。对待具体问题要具体分析，注意区分不同性质的问题，精准识别、严格甄别，依规依纪依法，不要把工作中发生的问题都贴上政治的标签，不能随意甚至无限上纲上线，不能扣帽子、打棍子、揪辫子，更不能搞任何形式的"低级红""高级黑"。政治监督的目的是促进被监督单位的政治建设，坚决做到"两个维护"，要结合被监督单位的职能责任等方面的特点来开展，监督、支持和促进被监督单位党组落实好政治责任，同向发力、一体推进。派驻纪检监察组应当是严明纪法的"黑包公"，不能是胡砍乱杀的"黑李逵"。自身首先要加强政治学习，吃透中央精神，确保政治标尺握得正、把得准，不能失之于偏，自己先成了"歪嘴和尚"。开展政治监督时，既要有较真碰硬的担当，又要有严管厚爱的温度。要把握好"时度效"，确保政治监督的高质量，做到严格、科学、精准、有效。

四、创新工作机制　提升派驻监督质效 [*]

　　深化派驻机构改革，是以习近平同志为核心的党中央作出的重大部署，是全面加强党的领导、推进全面从严治党向纵深发展的一项重要举措，是完善党和国家监督体系、推进国家治理体系和治理能力现代化的一项重要内容。近年来，中央纪委国家监委驻中央统战部纪检监察组认真落实派驻机构改革各项任务，从机制建设入手，推动职能优化整合，工作协同高效，队伍素质提升，改革成效不断显现，稳步走上了派驻监督高质量发展的轨道。

打造队伍融合机制，努力做到顺畅有序

　　在 2018 年深化派驻机构改革时，原驻中央统战部纪检组和原驻国家民委纪检组重新组建成新的纪检监察组，在队伍建设上摆在面前的首要任务就是抓融合。

　　加强思想融合。在派驻机构改革关键节点，组长与全组干部逐人谈话，统一思想、坚定改革，合理分工、调配人员，提振士气、凝聚人心，干部主动加班加点、满负荷快节奏工作成为常态，纷纷以实际行动落实各项改革要求。

　　推动工作融合。引导干部深刻理解派驻机构改革的重大意义，坚决服从组织决定，同时及时做好处室调整、干部配备、工作交接等，在安排使用干

＊　中央纪委国家监委驻中央统战部纪检监察组。

部时，充分考虑岗位特点和每位同志工作经历，做到一碗水端平，注意职责有机整合、内部业务嵌合、人员交流契合，实现了合编合心合力。

推进制度融合。组领导班子在充分征求意见的基础上，吸收了已有的行之有效的做法，对组内一系列制度进行了完善和修订。相关制度修订完善后，要求组领导班子坚持民主集中制原则，以身作则，带头遵守有关工作制度，靠制度融合，在融合中推动干事创业，在短时间内形成了较强的凝聚力、战斗力，打开了派驻监督工作的新局面，实现了一加一大于二。

打造学习教育机制，努力做到政治过硬本领高强

党的十九大后，中央纪委国家监委要求深入学习习近平新时代中国特色社会主义思想和党的十九大精神。近年来，党纪处分条例、监察法等党内法规和法律规定陆续修订颁布。为此，要把加强学习作为开展工作的首要前提。

以开展主题教育为契机不断强化科学理论武装。将深入学习贯彻习近平新时代中国特色社会主义思想作为"不忘初心、牢记使命"主题教育最突出的主线，制订集中学习计划，通过开展集中学习周、党员大会集中交流、党小组会研读学习等形式，坚持原原本本学、全面系统学、深入思考学、联系实际学，强化理论武装，提高运用党的创新理论指导实践、推动工作的能力。在认真学习的基础上，党支部参加统战系统"全面从严治党新思想和党章党规党纪学习竞赛"，取得较好成绩。

以提高年轻干部理论水平为基础不断加强全组政治建设。针对年轻干部占多数的实际情况，组织18名40岁以下的干部成立了习近平新时代中国特色社会主义思想青年理论学习小组，由副组长、局级干部担任理论学习辅导员，发挥传帮带作用。通过组织学习、荐文荐书、主题实践等多种形式，帮助年轻干部尽快提高理论素养和能力水平，在全组形成比学赶超的良好氛围。

以全员培训为重要途径不断增强履职本领。适应监察法实施、深化纪检

监察体制改革要求，制订全员培训计划，不断提升纪法贯通、法法衔接的本领，努力提高执行政策水平、执纪执法水平和思想政治工作水平。同时参加中央纪委国家监委、中央党校（国家行政学院）和中央统战部组织的各类培训，做到参加中央纪委国家监委组织的培训全覆盖。着手举办综合监督单位纪检监察干部培训班，努力提高各级纪检监察干部队伍的能力素质。

打造探索创新机制，努力做到担当作为

新时代新使命新任务，要求有新担当新作为，坚持稳中求进、开拓创新，坚持一手抓业务、一手抓党务，两手抓、两促进。

抓业务工作创新，开拓派驻监督工作新局面。探索非党员公职人员的监督处置路径，稳步推进监察全覆盖，从信访件办理入手，积极稳妥开展对民主党派中央机关公职人员的监察工作探索，迈出了对统战系统党外公职人员监察监督从无到有的关键一步。分别赴全国工商联机关和部分地方统战系统，开展对宗教团体、工商联（商会）中非党员公职人员和行使公权力人员的监察监督工作调研，召开部分省区市派驻统战部纪检监察组组长座谈会，了解做法、分析问题，广泛听取意见，探索将法定监察对象全部纳入监督范围的有效方法。探索在非驻在部门开展驻点监督，在 2018 年驻点监督取得实效的基础上，进一步规范、巩固、提高。2019 年在中央台办以事业单位管理和干部选拔任用为重点继续进行驻点监督，下半年起将驻点监督单位延伸到国家民委，还将根据工作情况适时继续扩大驻点监督范围。会同国家民委、中央台办分别研究制定《关于运用监督执纪第一种形态实施办法（试行）》，推动中央统战部、中国侨联机关研究出台相关制度，使各级党组织切实履行主体责任，发挥纪检组织的监督作用，努力使抓早抓小、防微杜渐落到实处。2019 年以来，驻部纪检监察组会同各综合监督单位运用第一种形态处理处分的人数占处理处分总人数的 86.8%。

抓党务工作创新，强化组党支部的组织功能。围绕服务中心、建设队伍发挥党支部作用，切实协助组领导班子完成任务、改进工作。制订"每月一

讲"主题党日工作计划，每月确定一个主题集中学习，通过组领导讲党课、邀请综合监督单位同志授课、实地考察调研等形式，联系工作实际学习贯彻习近平新时代中国特色社会主义思想，增强做好统战系统派驻监督工作的责任感、使命感、光荣感，教育引导干部担当作为、干事创业。

打造高质量管理机制，努力做到协同高效

面对综合监督单位多、派驻监督任务重、人员相对不足等实际情况，以提质增效为目的，打造高质量发展的工作机制，努力推动综合派驻监督工作取得新成效。

加强目标责任管理。对落实十九届中央纪委三次全会精神、深化派驻机构改革等重大工作任务，均制定贯彻落实具体方案，逐项分解细化，分工到室、责任到人。同时，通过组织与综合监督单位会商会、推动综合监督单位组织召开年度党风廉政建设工作会、印发学习贯彻建议函等形式，督促各综合监督单位制定年度全面从严治党工作要点及重点工作方案，将工作任务项目化、工作项目责任化。

加强过程管理。每两周召开组长碰头会，研究明确阶段性重点工作任务，每月检查全组工作落实情况，每季度召开纪检监察工作联席会议从面上推动综合监督单位工作，每半年总结全组工作，对是否做到时间过半、任务过半进行自查。同时，对各项重点工作做到谋划有方案、开展有部署、过程有检查、结果有报告，确保各项任务落实到位。

加强结果管理。对查办重要案件、扶贫监督检查、调研监督、落实深化派驻机构改革任务、监督各单位民主生活会等重点工作，及时总结经验、形成报告。2019年以来，向中央纪委国家监委报送重要报告27份，一些重点工作得到中央纪委国家监委领导同志的批示肯定。

加强案件质量管理。对初核发现涉嫌违纪违法问题线索，加强集体协作和分工配合，调动整合全组力量突破重点案件。2019年以来，驻部纪检监察组会同综合监督单位立案审查12人，给予批评教育、通报批评、谈话函

询和诫勉谈话等处理 89 人次，党纪政务轻处分和组织调整 5 人，党纪政务重处分和重大职务调整 4 人，核查发现涉嫌职务犯罪移送地方监委后给予党纪政务处分 2 人，受到司法机关刑事处理后给予党纪政务处分 2 人，始终保持执纪审查高压态势。健全监督制约机制，提升案件审理质量，做到凡案必审，严格把好案件政治关、程序关、证据关、纪律关，对中央纪委国家监委审理室的调研反馈逐一整改，审理工作得到极大加强和规范，努力做到每起案件的处理都经得起实践、人民和历史的检验。

打造自我监督机制，努力建设纪检监察铁军

派驻纪检监察组处在反腐败斗争第一线，必然面临着廉政风险考验，为此，要按照严之又严的要求大力抓自身建设。

明确日常监督管理责任。从组领导到室主任，层层落实监督责任，加强对干部的教育管理。把经常性的提醒警示作为干部监督的重要抓手，从思想、工作、生活等各方面严格要求干部。认真传达学习有关纪检监察干部违纪违法的案件通报，传达学习有关失泄密案件通报，组织干部积极参加廉政教育月活动，参加统战系统警示教育大会，参观燕城监狱。组领导经常与干部谈心交流，到干部家里走访慰问，了解干部八小时之外的情况，抓在日常，严在经常。

严肃党内政治生活。召开"不忘初心，重温入党志愿书"专题组织生活会，组领导带头重温入党初心，进行对照检查，并对全体党员提出要求。召开年度领导班子民主生活会和党支部组织生活会，严肃开展批评与自我批评，认真落实"三会一课"，按照要求认真开展党支部政治建设自查活动，扎实推进问题整改。

不断扎紧制度笼子。严格落实各项内控机制，健全完善问题线索办理、调查措施运用、查审分离、信息查询、廉政意见回复等工作制度，规范权力运行，审慎行使纪检监察工作职权；进一步规范出京报备、用车、财务报销等制度；建设标准化谈话室，切实保障纪律审查安全；重视档案室建设，进

一步提高工作规范化水平。加大问题线索核查力度。每月及时汇总各单位纪检监察干部问题线索并进行分析研判，加大查办案件力度，坚决防止"灯下黑"。

特约编辑：肖云祥　王　霞　于　露
责任编辑：鲁　静　刘松弢
美术编辑：姚　菲
责任校对：黎　冉

图书在版编目（CIP）数据

全面从严治党职责与实践探索．专论卷／中央纪委
国家监委新闻传播中心主编．—北京：人民出版社，2020.8
ISBN 978－7－01－022080－2

I.①全…　II.①中…　III.①中国共产党－党的建设－研究　IV.① D26

中国版本图书馆 CIP 数据核字（2020）第 070629 号

全面从严治党职责与实践探索·专论卷

QUANMIAN CONGYAN ZHIDANG ZHIZE YU SHIJIAN TANSUO ZHUANLUNJUAN

中央纪委国家监委新闻传播中心　主编

人民出版社 出版发行
（100706　北京市东城区隆福寺街 99 号）

中煤（北京）印务有限公司印刷　新华书店经销

2020 年 8 月第 1 版　2020 年 8 月北京第 1 次印刷
开本：710 毫米 ×1000 毫米 1/16　印张：13.5
字数：205 千字

ISBN 978－7－01－022080－2　定价：39.00 元

邮购地址 100706　北京市东城区隆福寺街 99 号
人民东方图书销售中心　电话（010）65250042　65289539